Les vieux rêves
ont le droit
de sortir du placard

Méryl MAXAN

Les vieux rêves ont le droit de sortir du placard

ROMAN

ISBN : 978-2-95-858270-8
Independently published.

À mon fils.

Ta rencontre restera la plus belle de ma vie.

Vous trois réunis, vous devenez TAL. Merci pour votre amour inconditionnel.

« Les folies sont les seules choses qu'on ne regrette jamais »

Oscar WILDE

1

Théo

Le réveil sonne, je suis déjà sous ma douche. Décidément, je ne saurai jamais me lever avec lui et j'oublie à chaque fois de le désactiver. Tant pis pour ce son désagréable, je finis de me laver et j'irai l'éteindre ensuite.

Une longue semaine m'attend : c'est ce que je me dis chaque lundi. L'avantage : pas de déplacement de prévu, je vais pouvoir rentrer plus tôt chez moi et voir un peu plus ma grand-mère qui s'ennuie, un peu trop à son goût. Il faut dire aussi qu'elle a soixante-seize ans. Elle diminue physiquement, certes, mais son moral reste celui d'une femme de quarante ans : ce n'est pas simple de la suivre et de lui demander d'être prudente. Ce mot ne fait d'ailleurs pas partie de son vocabulaire. J'ai l'impression que plus elle avance en âge, plus elle souhaite goûter à tout ce qui est possible. Sa vie n'a pas toujours été facile, c'est certain, mais elle a toujours été dans le confort et elle a fait ce qu'elle aimait. Je ne la comprendrai décidément jamais.

J'en ai fait la promesse à mon grand-père : prendre soin d'elle et ne pas l'abandonner. Il est hors de question que je le trahisse. Ce point de vue est à l'origine de nos disputes, mais elle finira par entendre raison, ou pas d'ailleurs.

J'avale mon café et je prends la direction de l'hôtel. À cette heure-ci, les clients doivent déjà être sur le point de partir et le petit-déjeuner bat son plein. Je vais directement à mon bureau, qui par chance est retiré de cette ambiance qui me déconcentre. J'aime ce moment où je ne suis pas obligé de saluer tout le monde, mais où je peux prendre le temps de voir mes mails et mes courriers avant d'aller dans le grand bain. J'espère que cette semaine, je ne vais pas avoir à gérer les absences du personnel ou autre. Avec une douzaine de personnes qui travaillent dans l'établissement, il y en a toujours une qui manque à l'appel, ou alors il faut gérer les remplacements avec les congés.

Ce métier est aussi une promesse que j'ai faite, mais il me pompe beaucoup d'énergie. Les points forts sont que je gagne bien ma vie et que ma grand-mère peut garder sa maison avec une surveillance vingt-quatre heures sur vingt-quatre. Le reste n'est que de la contrainte. Bon, je ne vais pas me plaindre, il y a toujours plus malheureux que moi.

Quand je finis de mettre mes mails à jour, il est déjà neuf heures et je décide d'aller saluer Célestine. Sur le chemin qui mène jusque chez elle, je croise Sylvia, une femme de chambre de l'hôtel. Étant donné que ma grand-mère et elle se connaissent depuis de nombreuses années, Sylvia est en charge, ses jours de travail, de l'aider à faire son lit et un peu de ménage.

Chacune se confie à l'autre, elles sont devenues amies.

— Bonjour Sylvia, comment allez-vous ce matin ?

— Très bien monsieur Dumas, je finis juste d'aider votre grand-mère à faire son lit.

— Comment va-t-elle ce matin ?

— Comme d'habitude. Il va falloir entendre ses demandes à un moment donné !

— Je fais pour le mieux, Sylvia.

— Je sais bien monsieur Dumas, mais elle va devenir malheureuse. Ce serait dommage.

— Je vais y réfléchir. À tout à l'heure.

Je décide que ce n'est pas le moment et qu'au vu de ces informations, le sujet avec mamie va être tendu ! Je vais tenter de faire diversion ; de toute façon j'ai rendez-vous à dix heures avec un fournisseur de vin, donc je ne vais pas m'éterniser non plus.

J'arrive devant sa porte. Cette maison a toujours été la sienne. Un beau jardin l'entoure avec son étang, et des fleurs rayonnent de partout en ce début de printemps. Je sonne pour m'annoncer, puis je pénètre dans le hall.

— Bonjour Mamie, tu es là ?

— Oui, Théo, je suis dans le salon.

— Comment vas-tu ce matin ?

— Comme tous les matins, je regarde mon jardin, car à la télévision, les programmes ne sont pas joyeux !

Je vois bien que ma grand-mère s'ennuie. Elle a toujours été très active par son métier. Avec mon grand-père, ils ont démarré de zéro : l'hôtel comptait cinq chambres au début. Ils ont su investir grâce à la situation de l'établissement en Bretagne, près de Saint-Malo, et à la montée du tourisme. Aujourd'hui, c'est trente chambres et un restaurant. Ma grand-mère a participé à tout ce projet. Personnellement, je pense qu'elle mérite de se reposer, mais elle n'est pas de cet avis. Ce désaccord est source de conflits depuis six mois. À chaque visite, j'ai un peu peur de ce qu'elle va encore me demander.

— Comment s'est passé ton week-end avec tes amis ?

— Très bien, tu as eu raison de me dire d'y aller.

— Parfait mon grand, as-tu eu le temps de réfléchir à ma demande ?

— Oui, mais la réponse est la même. Je ne veux pas que tu partes d'ici pour vivre dans une résidence.

— Et pourquoi ça ?

— Nous en avons déjà parlé, j'ai fait une promesse à grand-père, c'est non.

— Mais, ton grand-père n'en saura rien, il nous a quittés il y a cinq ans !

— Une promesse est une promesse.

— Je t'ai un peu trop bien élevé concernant la valeur d'une parole !

Comment dire à ma grand-mère, qui souffre de cette solitude, que je ne peux pas aller contre ce serment ? Mon grand-père m'a fait jurer de veiller sur elle, jusqu'à son dernier souffle. Si elle devait quitter cette maison, ce serait pour des raisons d'incapacité physique ou mentale, et certainement pas pour me permettre de vaquer à mes occupations. Or à ce jour, aucun critère n'est valable. Elle pense qu'elle sera plus heureuse avec des copines comme voisines. Sauf que depuis son accident, je veux une surveillance accrue. Comme elle a un peu peur de conduire depuis cet évènement, je conçois qu'ici, elle est dépendante. Néanmoins, il m'est impossible de céder à sa demande. Il va falloir trouver un terrain d'entente, car cette tension entre elle et moi me pèse à chaque instant.

— Mamie, j'ai un rendez-vous. Je vais prendre le temps de réfléchir à un compromis. Je comprends ta demande, cependant, essaye de te mettre à ma place.

— Merci Théo, c'est déjà un pas vers moi que tu fais.

— Je repasse tout à l'heure : tu m'exposeras tes idées et moi les miennes.

— Oui. Avec ton fournisseur, pense que tu es le client certes, mais il doit aussi gagner sa vie.

— Oui, je n'oublie pas : respecter les autres si nous souhaitons le respect des clients.

À chaque fois que je l'entends me répéter cette phrase, je souris intérieurement. Mes grands-parents avaient des valeurs pour leur commerce, et leur grande peur était que je ne les respecte pas. Ils ont commencé petit et à la fin de leur carrière, ils avaient un joli établissement. Mais leur plus grande fierté était d'être restés fidèles à leurs idées, et ils ont toujours payé leurs dettes.

Je quitte la maison pour la réception, où je trouve Pauline qui a déjà accueilli Roman, notre fournisseur de vin. L'été approche gentiment. Tous les trois, nous allons déguster les différentes nouveautés de la saison afin de valider les choix pour la prochaine carte.

— Bonjour Roman, comment allez-vous ?

— Très bien, merci. Pauline a déjà installé les verres afin de commencer la dégustation.

— Elle est parfaite. Allons-y ensemble.

La dégustation se passe bien, Roman a bon goût, il sait choisir la qualité et l'adapter à un tarif juste pour tous. Mes grands-parents travaillaient déjà avec l'entreprise de Roman, c'est donc en toute logique que nous avons continué avec eux. Je ne souhaite pas changer ces fournisseurs, en qui j'ai une grande confiance. Même si je n'avais que vingt-et-un ans au départ de mon grand-père, beaucoup sont venus en espérant récupérer les contrats. Mais hors de question de ne plus travailler avec des personnes qui connaissent le système de l'entreprise et en qui j'ai une totale confiance. Cela a permis de garder le lieu en activité. Par chance, Pauline est aussi là depuis plus de quinze ans ; sans elle, je pense que j'aurais été incapable de reprendre la direction. Mon grand-père aura travaillé jusqu'à son dernier souffle. Ses valeurs d'homme ont fait qu'il a su s'entourer au mieux et elles m'ont permis de ne pas vendre son patrimoine, qui a été toute la fierté de sa vie.

Une fois la dégustation finie et la proposition tarifaire validée, je rejoins mon bureau pour répondre aux mails en attente et faire le point sur les dossiers en cours. Je vais également essayer de trouver une idée afin de proposer une autre solution à ma grand-mère. La voir malheureuse me déchire. Elle m'a élevé par la force des choses et elle m'a soutenu dans chacun de mes choix. Je me sens coupable de ne pas lui rendre la pareille.

Pauline essaye de me joindre et me sort de mes pensées. Nous devons valider le planning des saisonniers afin que les contrats soient à jour. En voyant ma tête, elle comprend vite que je ne suis pas au top de la concentration. Je lui dis que tout semble parfait. Je connais ses compétences et je ne doute jamais de son organisation, qui est toujours excellente. Sa présence est précieuse et me permet non seulement de souffler, mais surtout de me sentir moins seul lorsque certaines décisions sont à prendre. Elle aime cette entreprise autant que moi.

Notre binôme fonctionne toujours parfaitement. Je dirais même que la plus grande qualité de Pauline, c'est sa patience, car je dois reconnaitre que je ne suis pas toujours très agréable au quotidien.

L'entretien se termine. Maintenant, il est temps d'aller affronter la femme que j'aime le plus au monde. J'espère que nous allons trouver un terrain d'entente. De toute façon, elle est majeure et a toute sa tête, donc si elle décide de partir dans un autre lieu, je n'ai aucun droit de l'en empêcher, et je sens qu'elle s'impatiente !

2

Julia

Nous sommes lundi, le réveil tambourine dans mes oreilles, je lui demande une pause de cinq petites minutes, puis encore une autre. Le week-end a été festif. Et là, ce matin, mon corps me réclame de rester au chaud sous la couette. En voyant qu'il est huit heures trente, je bondis. Dans quinze minutes, je dois être à l'école : mission impossible. Je fonce sous la douche, choisis une robe à la volée, vite des chaussures.

Me voilà arrivée à destination. Heureusement, je vis juste à côté de l'école. Je suis tout de même essoufflée par cette course matinale. Ce n'est pas comme si je n'avais pas d'entrainement. Le matin ne devrait pas exister, tout serait tellement plus simple ! Certains disent que l'avenir appartient à ceux qui se lèvent tôt, eh bien moi, je n'ai pas d'avenir. D'ailleurs si je fais le bilan, je pleure ! Comme ce n'est pas le moment, je ne vais pas y penser. Vivre le moment présent me convient parfaitement.

Je vois au loin la grincheuse ! Holà Julia, c'est ton jour de fête !

— C'est quoi l'excuse de ce matin ?

— J'ai raté le réveil.

— Ah oui, ce n'est pas le chien de la voisine ou pour aider à pousser la voiture du voisin ?

— Eh non, je varie les plaisirs.

— Bien, je te laisse aller directement à la cantine faire la mise en place pour ce midi.

— J'y cours !

— À dix heures, tu es de récréation.

— Youpi, merci.

Je ne m'en sors pas trop mal, parce que la grincheuse peut être très désagréable. Comme j'ai compris son caractère, je ne reste jamais sur place, je lui réponds tout en allant à ma tâche.

Je travaille dans cet établissement depuis la rentrée de septembre. Je m'y plais beaucoup, même si l'essentiel de mon travail est le ménage. Entendre les rires des enfants, les voir courir : ces moments sont une source de joie pour moi. Quand je sais que c'est à mon tour de surveiller la récréation, je suis super contente.

En attendant, je me concentre sur la mise en place pour midi. Comme je suis seule, je branche mes oreillettes : je vais pouvoir écouter de la musique, car il semblerait que je n'aie pas le droit d'en faire profiter tout le monde. La raison est simple : nous n'avons pas les mêmes goûts musicaux et apparemment, les enfants entendent les mélodies pendant les cours. Cela les perturbe ! Tu parles, ce n'est pas eux qui sont gênés, c'est juste qu'ils sont tous comme moi avec l'envie de danser, de bouger, au son des chansons. Pas simple de travailler avec des personnes qui ne sont pas très drôles et qui appliquent toutes les règles !

Voilà dix heures qui arrivent, j'entends déjà les enfants prêts à bondir pour aller se détendre. J'ai fini ma mise en place. Maintenant je vais pouvoir aller prendre l'air avec eux et m'amuser moi aussi. J'observe un groupe, qui a l'air décidé à obliger un camarade à aller sur le toboggan, mais ce dernier ne semble pas très fier de se lancer. Je m'approche gentiment, afin de comprendre ce qui lui fait peur.

— Coucou Benjamin, que se passe-t-il ?

— J'ai envie de faire du toboggan, mais j'ai peur que les autres me poussent et je n'ai pas envie de tomber.

— Ne t'inquiète pas, Julia est là, je vais te faire la circulation !

— Stop les enfants, vous laissez Benjamin faire un tour tranquille.

En voyant que l'enfant ne se sent toujours pas en confiance, je décide de lui montrer comment ça se passe. Me voilà avec ma robe, qui est au-dessus des genoux, à monter les trois petites marches. Puis je m'élance, un peu facile pour moi, car ma tête est quasiment en haut que mes pieds touchent déjà le sol. Pour rassurer Benjamin, je lâche les mains, je crie : « Waouh, c'est génial ! », puis je vais le rejoindre. Au même moment, j'entends une voix que je ne connais que trop bien !

— Julia, après la récréation tu passeras me voir !

— Oui, Madame.

Une nouvelle fois, je suis convoquée dans le bureau de la directrice. Elle n'a aucun sens de l'humour mais semble quand même bien m'aimer. Je suis certaine que c'est la grincheuse qui lui rapporte tous mes faits et gestes. Pourtant à chaque fois que je surveille la cour, accompagnée d'une institutrice, il n'y a jamais d'accident. Les enfants m'adorent car je joue avec eux, je les console, j'écoute leurs secrets même les plus intimes pour certains. Eh oui, une séparation, des disputes à la maison, je sais ce que c'est. J'essaye de faire au mieux pour aider, car j'ai l'expérience de ces situations et j'en connais les souffrances.

La récréation finie, je vais voir Madame la directrice. Comme à chaque fois, elle va évoquer mon comportement, trop inhabituel dans les codes scolaires. Cela étant, les enfants me réclament régulièrement. Je frappe à la porte.

— Entrez Julia.

— Vous vouliez me voir ?

— En effet : le toboggan, c'est pour les enfants.

— Je sais bien, mais c'est important le mimétisme à cet âge.

— En quoi apprendre aux enfants à se coller de la peinture partout est du mimétisme ?

— Pour la peinture, je reconnais que j'ai un peu débordé ! Les enfants ont bien rigolé tout de même.

— L'institutrice et les parents, beaucoup moins le soir. Sur une classe de vingt-cinq élèves, nous avons reçu vingt-trois messages de plainte !

— Aucun humour les parents !

— Bon, écoutez, vos collègues aussi se plaignent beaucoup de vous.

— Et pour quelles raisons ? Mon travail a toujours été bien fait.

— Entre vos retards, vos parties de jeux et vos tenues qui attisent les papas, c'est un peu compliqué.

— Je ne vois pas en quoi mes tenues posent problème.

C'est quand même un monde, maintenant on me reproche mes tenues. Oui j'aime la couleur et être en jupe. Mais je n'ai que vingt-six ans, je ne vais pas cacher mes belles jambes, encore regardables, avec des jupes longues et des pantalons. Je me garde ces tenues lorsque je serai grand-mère. Si un jour je le suis, car fraîchement célibataire et sans enfants, la grand-mère, ce n'est pas d'actualité.

J'observe la directrice, je sais au fond qu'elle m'aime bien et qu'elle en a marre de toutes ces mouchardes qui n'ont dans la vie que la télé et les cancans. Mais elle applique son rôle de cheffe, afin de me montrer qu'elle n'est pas contente et qu'elle veut faire régner la discipline.

— Autre chose Julia, vous savez que votre contrat se termine dans cinq semaines.

— Oui, vous allez me manquer.

— Merci c'est gentil. Avez-vous autre chose en vue ?

— Non, pas pour le moment. Pourquoi, vous souhaitez prolonger ma période ?

— Désolée, ce n'est pas possible avec votre contrat. Nous sommes obligés de recruter.

— Dommage pour vous, car jamais vous ne trouverez quelqu'un d'aussi bien pour vos enfants.

— Oui, vous allez manquer aux élèves, moins à vos collègues et aux mamans, je vous rassure. En revanche, selon vos recherches, sachez que je vous soutiendrai.

— Merci, c'est gentil.

— Vous avez fait des études de tourisme, pourquoi ne pas reprendre votre travail d'avant ?

— Non, cela ne m'intéresse plus. Je veux de la vie et de la joie.

— Je vous souhaite de bonnes recherches. Ne tardez pas trop quand même. Le temps passe vite.

Je sors du bureau et je repars vers la cantine afin d'aider à mettre en place les derniers préparatifs. Je croise le cuisinier, qui est très gentil avec moi. En cachette, il me donne des petits plats, quand il en reste.

Le reste de l'après-midi se passe sans encombre, mais penser que ce travail est bientôt fini me contrarie un peu. Je n'ai pas envie de retourner dans une agence et je ne sais pas du tout quoi faire. J'aime le contact avec les personnes, donc il faut que je creuse les petites annonces pour cet été.

Comme je suis de garderie, je finis plus tard aujourd'hui. En cette période ce n'est pas désagréable puisque j'ai encore la possibilité d'aller courir un peu ce soir. Cette activité ne me coûte rien, car mon budget est restreint, mais surtout cela me permet de me vider la tête et de prendre soin de mon corps. En effet, après ma rupture douloureuse qui date un peu, j'avais pris du poids. Depuis, je fais attention à moi parce que cette expérience m'a fait prendre conscience que me détruire ne servait à rien. Puis, la course à pied est devenue un rituel qui a apaisé ma peine et qui m'a aidée à retrouver le physique dans lequel je me sens bien.

3

Théo

Me voilà aux portes de la maison de Célestine. Comme à mon habitude, je frappe puis je rentre. La voir dans la même position que ce matin me déchire le cœur. Il faut voir la réalité en face, cette femme s'ennuie. Après une vie très active, un physique certes vieillissant mais un moral qui ne faiblit pas, cette existence est triste pour elle. J'ai noté deux solutions, j'espère que l'une d'elles va lui correspondre.

— Coucou.

— Mon Théo, entre, je t'attendais.

Je prends place dans mon fauteuil, qui est face au sien. J'ai toujours aimé cette place, car elle donne une vue sur ce superbe parc que Hubert, le jardinier, entretient avec le reste du site. Ce jardin ne manque vraiment pas de fleurs, ce qui donne un charme fou à cette propriété. Et rien ne dépasse ! Comme Hubert est un ami de ma grand-mère, il passe aussi du temps à bavarder avec elle.

Ne sachant pas comment m'y prendre, je passe en revue ma journée. Encore une fois, celle-ci a été longue et mouvementée. Mon quotidien finalement, quand j'y pense. Cette entreprise, c'est ma vie de famille, mes loisirs et même un peu mes vacances, car il ne se passe jamais une journée sans que le téléphone retentisse pour m'avertir d'un problème ou autre !

— Mamie, j'ai pris le temps de réfléchir à ta demande.

— Je t'écoute, mais j'ai déjà mon idée.

— Bien, alors commençons par la mienne. Je te propose de trouver une personne qui serait ton chauffeur, afin que tu ailles où tu veux quand tu veux.

— Bof, cela ne m'emballe pas vraiment.

— Et tu me proposes quoi, toi ?

— Une jeune femme de compagnie, qui viendrait le matin et resterait avec moi jusqu'à dix-sept heures. Avec le permis bien évidemment.

— Ça veut dire qu'elle devra t'accompagner partout ?

— Oui et non, selon le contexte, je trouverai une solution.

Une dame de compagnie, pour ma grand-mère qui a toujours été indépendante, j'ai du mal à comprendre ! Nous pouvons toujours tenter, mais je ne lui donne pas quinze jours à cette jeune femme. Il est indispensable de trouver la personne idéale, car je ne veux pas qu'il y ait de risque pour la santé de Célestine, ou de vol. À chaque recrutement, j'angoisse d'embaucher une personne qui ne serait pas honnête.

— D'accord, je vais mettre une annonce et chercher.

— Merci, je suis certaine que tout va bien se passer.

— Je vais en mettre une à l'accueil du restaurant.

— C'est parfait. En revanche, je veux être présente lors des entretiens.

— Si tu veux, je vais essayer de tous les regrouper sur la même journée.

— Entendu.

Je reste dubitatif tout de même, mais je vais lui montrer que je peux aussi faire des efforts. Le point positif si nous trouvons la personne idéale, c'est que je suis sur place pour surveiller. L'idée de déménager est pour le moment abandonnée.

Le profil idéal, c'est une femme avec de l'expérience, le permis bien évidemment, et qui soit assez calme, car Célestine est capable de tout ! Petit, avec elle, j'ai fait les quatre cents coups : elle me poussait toujours dans mes jeux, m'encourageant à imaginer l'impossible. Quand j'y repense, je ne sais plus à quel moment j'ai perdu ce lien avec elle. Peut-être au moment du décès de mon grand-père : ma joie de vivre a été enterrée avec lui. De toute façon, de par ma profession, l'humour n'a pas sa place au milieu des chiffres et de la rentabilité. Célestine ne l'a jamais compris, au grand dam de son mari.

Mais ils étaient deux, moi je suis seul ! Je n'ai qu'elle dans ma vie de famille.

— Autre chose, Théo.

— Oui je t'écoute.

— Quand as-tu l'intention de réaliser le rêve de jeune homme que tu avais ?

— Jamais Mamie, comment ce serait possible ?

— Tu as Pauline qui t'aide bien, tu peux lui faire confiance.

— Oui, mais de là à lui laisser l'affaire familiale, ce n'est pas envisageable.

Ma collaboratrice est parfaite, mais avec son travail, les responsabilités du poste qu'elle occupe et sa vie de famille, gérer la direction est impossible. Et cette promesse de rester directeur, elle en fait quoi ma grand-mère ? Elle ne se rend pas compte qu'actuellement, la concurrence est rude et qu'avec Internet, tout va vite, les clients ne sont pas ceux d'il y a vingt ans. Je ne parle même pas du personnel : c'est la partie la plus compliquée, car il y a tous les jours un souci. Même à mi-temps ce rêve est impossible. D'ailleurs, je l'avais oublié.

— Une copine en ce moment ?

— Non, enfin, si…

— Dis-moi tout.

— Non, c'est juste une fille. Nous ne sommes pas officiellement en couple, mais nous passons quelques soirées ensemble.

— Ah oui, pour vous les jeunes, vos copines ne deviendront jamais vos femmes.

— Tu as tout compris.

— Je ne suis pas d'accord avec toi. C'est toi qui passes à côté de l'amour.

Voilà qu'elle recommence avec ça. Comment lui expliquer que je n'ai pas envie de m'engager ? J'aime ce côté « tu es libre, je suis libre », et quand nous sommes ensemble, nous passons du bon temps. Mais je l'excuse : de son temps, on épousait un homme pour la vie.

Parfois, quand je vois mes amis avec la même femme, des enfants qui naissent, ils me donnent un peu envie. Cependant, l'idée qu'il m'arrive quelque chose et que je laisse un orphelin me refroidit tellement que je n'oserai jamais. De même, s'engager avec une femme pour lui interdire d'être mère me semble égoïste. Finalement, une petite copine avec les choses bien définies dès le début me va très bien. Pendant mes périodes de célibat, je vais plus souvent au golf ou au cinéma. Mon équilibre me convient parfaitement pourvu que le temps que j'ai ne soit jamais vide, afin de ne pas réfléchir. Je suis conscient que je fuis, mais je ne sais même pas quoi !

— Tu sais Théo, je vieillis.

— Oui, je sais.

— Te savoir seul m'inquiète. Je préférerais fermer les yeux en me disant que mon petit est heureux.

— Nous pouvons être seuls et heureux.

— Tu n'as que moi par la force des choses. J'aimerais savoir qu'il y a une femme qui sera là pour te serrer dans ses bras pour les années à venir.

— Je comprends.

— Tu sais Théo, l'histoire ne se répète pas toujours. Et d'où que je sois, je veillerai sur toi et ta famille.

— Tu sais bien que je ne crois pas en ça.

— Et pourtant le travail soigne, la foi sauve.

— Eh bien je suis soigné, mais pas sauvé.

Je comprends l'inquiétude de ma grand-mère, l'idée de la perdre me fait mal. Cependant, j'ai envie de penser que je suis assez fort pour surmonter cette épreuve, qui j'espère arrivera le plus tard possible. Perdre ceux que nous aimons, je connais cela malheureusement trop bien. Je suis toujours là ; certes je ne suis pas l'homme le plus heureux de cette terre, mais j'avance sur mon chemin. Et je garde en tête de faire le mieux pour les autres, car je ne suis pas capable de m'occuper de moi-même correctement. C'est ma devise depuis de nombreuses années et cela comble le manque, cette solitude qui m'accompagne partout.

4

Julia

Vendredi soir. Déjà deux semaines d'écoulées et je n'ai toujours rien cherché comme nouveau job. Mon côté positif me dit qu'il me reste trois semaines, cela me laisse du temps. Mon côté plus peureux, lui, pense que ça va être compliqué de trouver un travail dans un délai aussi court !

C'est une belle soirée : je décide d'aller courir. Avec un peu de chance, une annonce va me tomber dessus et bingo, j'aurai le travail de mes rêves. D'ailleurs cette pensée me rappelle Mathilde qui dit toujours : « Quand tu as besoin de quelque chose, demande-le, déjà. » J'ai comme un doute, mais pourquoi pas essayer, cela ne coûte rien. Je glisse mes oreillettes, lance la musique et me voilà partie à la recherche de cette annonce qui va arriver par miracle.

Après une bonne demi-heure de course, je rentre chez moi afin de prendre une douche. L'univers ne m'a pas entendue. Peut-être plus tard ! De toute façon, mon programme de ce soir, c'est un plateau devant la télé et une bonne nuit. Demain je fête mon anniversaire, alors je vais faire des réserves de sommeil.

Comme nous sommes samedi, le réveil se fait naturellement, en douceur, et il est déjà onze heures. J'ai toute la journée rien qu'à moi. Le rendez-vous de ce soir est programmé à dix-huit heures trente.

Je prends un café, indispensable, et je vais à la douche. Selon mon humeur, je verrai la suite de mon programme. J'aime aussi me laisser vivre. De toute façon, j'ai vite compris que l'on ne sortira pas d'ici-bas vivant, alors je ne me pose pas trop de questions. Ma grande force, c'est la confiance que j'ai en moi. Finalement malgré les épreuves, j'ai toujours su rebondir. Je ne vois pas pourquoi cela ne continuerait pas. Mon comportement énerve beaucoup de mes amis. Cependant, quand je les écoute, ils stressent tout le temps, car tout programmer est impossible si l'on y réfléchit bien !

Prise dans ma lecture, je n'ai pas vu l'horloge tourner et je dois être prête dans une heure. Ce soir, c'est soirée surprise, même si je me doute un peu du programme.

Mon téléphone sonne, c'est Mathilde qui est en bas avec Vivien, son copain du moment. Je ferme mon appartement et je descends au plus vite les escaliers. Je suis à peine installée dans la voiture que Mathilde m'annonce que nous avons rendez-vous au restaurant *Le Miracle*. Je suis heureuse de cette nouvelle, j'adore ce lieu. Étant donné que j'ai de petits moyens, je n'y vais pas souvent, voire jamais. Je vois le Vivien dans le rétro qui me regarde, car je réagis comme une gamine à ses yeux. Il ne sait pas que je suis entière, et cette nouvelle me fait crier de joie. Mathilde, elle, n'est pas étonnée. Nous sommes amies depuis deux ans et si j'avais eu une réaction différente, elle aurait pensé que cela ne me faisait pas plaisir. Or là, je suis comblée. Heureusement, j'ai mis ma plus jolie robe noire, celle qui met mes formes en valeur. Je l'adore, mais l'école n'est pas le lieu idéal pour elle. Dommage d'ailleurs !

Nous arrivons à destination, je ne me lasse pas de ce lieu. Nous nous garons sur un grand parking avec des gravillons blancs, et entouré d'une végétation abondante. Plus loin, nous apercevons cette grande bâtisse qu'est le restaurant. Dans son angle se trouve l'hôtel. C'est une belle idée d'avoir un peu séparé les deux, afin que ceux qui souhaitent du repos ne profitent pas de l'ambiance qui peut être plus festive selon les tables. Il y a quelques mois, j'ai vu une plaquette qui vantait les prestations de l'établissement : spa, piscine pour les résidents et restaurant avec vue sur la mer.

Comme je suis curieuse, je distingue, plus loin, la toiture qui doit certainement être celle de la maison des propriétaires. Elle est cachée, certes, mais tout de même assez proche. Je n'aimerais pas vivre sur mon lieu de travail. Enfin aucun risque, je vis dans un appartement et dans trois semaines, je n'ai plus de travail !

Céline, accompagnée d'Alexandre, arrive en voiture. Je suis heureuse de la retrouver. Céline voyage beaucoup pour son métier. Au moins nous, les filles, nous allons pouvoir papoter tranquillement pendant que les deux garçons parleront football.

En arrivant à la réception, Mathilde s'annonce afin de disposer de la table qu'elle a réservée en mon honneur. Alors que je prends le temps de regarder ce décor moderne et classe, j'aperçois un panneau de petites annonces. Attirée comme un aimant, je m'approche et je lis : « Nous sommes à la recherche d'un candidat pour accompagner une personne dans les tâches et les activités du quotidien. Permis indispensable et expérience avec les personnes âgées souhaitée. Vous pouvez laisser votre candidature à la réception. »

Je me dirige directement vers le comptoir.

— Madame, je viens de voir votre annonce et je souhaite postuler.

— Oui, attendez, je regarde les disponibilités du directeur sur son planning.

— Pourquoi, c'est le directeur qui cherche une personne pour l'accompagner ?

— Non, pas du tout, c'est pour sa grand-mère.

— D'accord, et elle vit où sa grand-mère ?

— Juste à côté de l'hôtel. Les entretiens ont lieu lundi.

— Mince, je travaille ! Est-ce qu'après dix-sept heures c'est possible ?

— Je note, je vais prendre votre téléphone. En cas de souci, monsieur Dumas vous rappellera.

— Merci, dites-lui que je suis très motivée.

Je rejoins ensuite mes amis pour savourer cette soirée qui est la mienne. J'explique à Mathilde ma discussion avec la réceptionniste. Puis, tout en y pensant, je prends conscience que ma demande d'hier a été exhaussée. Je ne dis rien, car cela me trouble.

Après l'apéritif, un bon repas et des rires, nous repartons à la maison, en faisant une halte dans un bar de nuit, notre fief à toutes les trois. Les garçons ont retrouvé des amis. Je fais le choix de rentrer seule, car je n'ai plus envie de ces samedis soirs où je dors dans différents endroits avec des hommes qui ne me correspondent pas. Je souhaite devenir un peu plus raisonnable. En effet, la remarque sur les papas m'a blessée et m'a permis de comprendre que finalement, je ne prends peut-être pas assez soin de moi. À trop faire rire la population, je m'oublie un peu et surtout, je ne me respecte pas vraiment.

Dimanche, huit heures, mon téléphone me réveille : ma mère, qui ne pouvait pas attendre un peu, veut s'assurer que je n'ai pas oublié notre rendez-vous à seize heures. J'ai un mal de tête qui me rappelle la soirée de la veille, donc j'expédie un peu la conversation. Après une aspirine et une bonne douche, je me pose sur le canapé. Ma mère habite près de Laval, à environ cent-cinquante kilomètres de chez moi, et je ne vais pas souvent la voir. Aller chez elle ne m'enchante jamais trop et avec ce mal de crâne, je sens que ça va être long. En même temps, je l'aime et je sais qu'elle s'est pliée en quatre pour me préparer un bon gâteau. Chez elle, jamais de repas, juste le goûter, comme si j'avais toujours cinq ans.

J'arrive pile à l'heure. Je sonne et j'entends qu'elle arrive à grande vitesse.

— Ma Julia, entre.

— Comment vas-tu maman ?

— Mieux que toi a priori. La fête a été difficile il semblerait !

— Oui, en effet. Demain ça ira mieux.

Puis comme d'habitude, nous allons au salon et je m'assois à la même place sur le canapé. Ici, l'ordre c'est l'ordre. Jamais de changements : ça l'angoisse !

— Alors ma fille, ton travail est prolongé ?

— Non, le contrat se termine dans trois semaines.

— Comment vas-tu faire ?

— J'ai un entretien demain.

— Parfait, où ça ?

— C’est pour être dame de compagnie.

— Ah. Mais d’une femme ou d’un homme ?

— Une dame âgée, pour faire des activités avec elle.

— C’est parfait, elle ne va pas s’ennuyer avec toi !

— Je verrai si je suis prise ou pas déjà.

— Je croise les doigts pour toi.

Nous mangeons notre gâteau, puis ma mère se lève, signe pour moi de partir ; elle doit avoir rendez-vous avec la télé. Je l’embrasse et la remercie. En sortant, je regarde la photo de ma grand-mère, exposée dans le hall. En définitive, je ressemble beaucoup plus à cette dernière, comme si ma maman n’était pas de cette lignée. En voyant les yeux de ma grand-mère qui pétillent, je retrouve le sourire. Ma mémé à moi était une femme exceptionnelle et elle est ma muse. Sauf quand je suis dans cette maison !

5

Théo

— Coucou Mamie, es-tu prête ?

— Oui Théo, j'arrive.

Je vois ma grand-mère qui me rejoint. Elle est toute pomponnée, afin d'être au mieux pour les entretiens. Son côté féminin ne la quitte jamais. Elle aime se faire belle, ces rendez-vous sont une bonne occasion de ressortir sa jolie robe. Je me prends à l'observer. Elle a gardé cette classe quand elle se déplace. C'est une femme de taille moyenne mais quand elle porte son regard sur les choses, elle paraît grande. Ses cheveux blancs sont toujours bien soignés. Les quelques rides sur son visage qui sourit à cet instant me rappellent le temps qui passe. Ses mains, parées de ses belles bagues, montrent qu'elles ont beaucoup travaillé et pris soin des autres.

Quatre personnes sont attendues cet après-midi. J'ai pris le temps de lire chaque demande. Les profils sont variés et les candidates ont des âges différents. Je souhaite de tout cœur que Célestine soit heureuse et trouve la perle rare, afin que les tensions s'apaisent entre nous.

Nous voilà installés dans mon bureau ; Pauline a la charge de demander aux candidates de nous rejoindre.

Voici la première : une femme d'environ quarante-cinq ans, qui semble très douce, limite timide. Je ne sais pas si elle peut convenir à ma grand-mère, dont il faut parfois tempérer les ardeurs. Si elle n'ose pas lui dire non, je crains que cela ne mette un peu sa sécurité en péril ! Suite à notre échange de vingt minutes, je la raccompagne.

La deuxième candidate est déjà là. Je l'invite à entrer. En voyant sa blouse blanche, je suis sceptique. Il est certain que ma grand-mère n'a pas besoin d'une infirmière. Je pense que l'entretien va être vite expédié, à moins que son discours ne soit pas comme sa tenue, c'est-à-dire dynamique. Et en effet, je viens de battre mon record : après dix minutes, nous n'avions plus rien à nous dire.

— Théo, elle c'est non. J'ai l'impression d'être dépendante dans tous les domaines.

— J'ai bien compris, Mamie, que la blouse t'avait un peu refroidie.

— S'il n'y avait eu que la blouse. Vu son discours, hors de question.

— Ne t'inquiète pas, il en reste encore deux. D'ailleurs, je vais aller voir si la suivante nous attend.

En effet, une nouvelle personne est bien installée et patiente. Je l'invite à entrer. Sauf que c'est le drame : elle a certainement pensé que Célestine perdait la tête et elle s'est mise à lui parler comme à un jeune enfant. Passionnée de cuisine semble-t-il, elle lui propose au menu : steak haché, purée, compotes avec les fruits de son jardin. Je reste silencieux, en attendant la fin du monologue. Mais c'était sans compter sur ma grand-mère qui lui dit qu'elle aime la bonne cuisine, qu'elle sait encore se nourrir correctement et qu'elle a toute sa tête. La pauvre dame, ne sachant plus quoi dire, part toute gênée. Je prends le temps de la raccompagner en m'excusant pour le manque de clarté de mon annonce.

— Tu viens Mamie, allons boire quelque chose. La suivante arrive dans trente minutes.

— J'espère que la suivante sera la personne idéale, car aucune des trois ne correspond à ce que je souhaite.

— Sinon, je repasserai une annonce.

— Je suis pressée, Théo.

— Mais pourquoi ?

— Eh bien l'été est là et j'ai envie d'en profiter en dehors de mes quatre murs.

Après une petite pause, où je me suis voulu rassurant, nous remontons. Au loin dans le hall, je vois une femme rousse, assez grande et mince avec une robe colorée. Elle semble un peu agitée. Elle a le sourire, ce qui me donne un sentiment de joie. Les traits de son visage sont fins et ses yeux verts en amande confirment cette impression de bien-être. Elle me paraît un peu à côté du standard habituel de ma clientèle. Au fond de moi, je pense : « Pourvu qu'elle ne soit pas la suivante, car je vais devoir retravailler l'annonce c'est certain. »

— Bonjour, vous attendez pour l'entretien ?

— Bonjour, oui je suis Julia.

— Parfait, suivez-moi.

Le rendez-vous va vite être réglé, hors de question qu'une femme comme elle s'occupe de ma grand-mère. Elle semble complètement à côté de ses pompes !

— Bonjour Madame.

— Bonjour, appelez-moi Célestine.

— Je suis Julia.

— Enchantée Julia, asseyez-vous. Donc vous êtes ici pour l'entretien.

— Oui, j'ai vu l'annonce samedi en venant manger dans votre restaurant qui, je dois dire, est parfait. Comme je n'ai pas de gros moyens financiers, ce sont mes amis qui m'ont invitée pour mon anniversaire. Entre nous, ce n'est pas accessible à tous chez vous !

Je me gratte la gorge, elle démarre très mal celle-ci. D'accord, notre restaurant n'est pas accessible à tous, mais il offre une cuisine de qualité, un accueil sur mesure et dans un cadre exceptionnel. Tout cela a un prix. J'observe Célestine et Julia qui sont en pleine discussion sur la région. Maintenant, elles rigolent ensemble. Je sens que la suite ne va pas être simple. Je ne la sens pas du tout, hors de question que ce soit elle qui prenne en charge ma grand-mère.

— Dites-moi Julia, vous êtes disponible à partir de quand ?

— Désolée Célestine, vous allez devoir patienter un peu. Je finis mon contrat dans trois semaines.

— Ah mince, j'avais espéré vous voir demain.

— Comme je travaille dans une école, je peux être là mercredi afin de savoir comment nous allons nous entendre.

— Parfait, mercredi neuf heures dans le hall du restaurant.

Je reste sans voix, ma grand-mère vient de dire oui, sans mon accord, à une personne que je ne souhaite pas chez moi !

6

Julia

— Coucou ma Julia. Alors, ton entretien ? me demande Mathilde.

— Parfait, je commence mercredi.

— Super, ensuite tu y vas tous les jours ?

— Je ne sais pas, je vais déjà passer une journée avec elle afin de savoir si nous nous entendons bien.

— C'est un bon début.

— Tu sais Mathilde, c'est un peu grâce à toi.

— Pourquoi ? Je n'ai rien fait !

— Eh bien, comme tu le dis souvent, quand tu as besoin de quelque chose, demande-le.

— Donc c'est ce que tu as fait ?

— Oui, j'ai demandé à tomber sur une affiche avec une annonce pour du travail. Et comme par hasard, tu as organisé mon anniversaire dans ce lieu. C'est incroyable !

— Te voilà convaincue pour un moment, je suis ravie. Grâce à ta façon de vivre avec légèreté et maintenant ce savoir, un nouveau monde s'ouvre à toi.

— Merci, je verrai bien la suite. Théo, le petit-fils de Célestine, ne semble pas être un homme très heureux, il est même limite désagréable.

— Avec toi il va devoir se détendre. Il est comment physiquement ?

— Plutôt beau garçon. Il est châtain, un mètre quatre-vingt-cinq, joli physique, des yeux marron mais le visage fermé. Dommage pour lui, car de loin il donne envie. De près tu as envie de faire demi-tour.

— Julia, je te reconnais bien là. Mais dans ce cas précis, le but, c'est de t'occuper de sa grand-mère, pas de lui.

— Heureusement, sinon je ne faisais même pas une journée d'essai !

Mercredi neuf heures, j'arrive dans ce magnifique hall. Plus loin, j'aperçois Célestine qui est installée confortablement dans un beau fauteuil à regarder le front de mer. Lorsqu'elle me voit, elle se lève en douceur avec un sourire qui illumine son visage. Cela me change de l'accueil du matin avec la grincheuse de l'école. Déjà un bon point pour ce travail.

— Bonjour Julia, comment vas-tu ce matin ?

— Bonjour Célestine, je suis ravie de passer cette journée avec vous.

— Allons chez moi prendre une boisson, le temps de faire connaissance et de te faire visiter ma maison.

— Je vous suis.

Nous arrivons chez elle. Sur le chemin, je reconnais la toiture que j'avais vue au loin samedi soir. En effet, cette maison est très belle, entourée d'un beau jardin et de son étang. Avec les fenêtres tout autour, on a le sentiment de vivre dans la nature. Le décor est aussi très moderne : je crois que cette grand-mère suit la mode et aime les belles choses.

Une fois le tour du propriétaire fait, nous allons en terrasse afin que Célestine m'explique ce qu'elle attend de moi. Midi arrive vite, elle m'annonce que nous allons manger dans son restaurant et que je peux prendre ce qui me plaît : c'est son petit-fils qui régale. En pensant à notre dernière rencontre, qui a été brève, je me dis que je vais me faire plaisir !

Après ce bon repas, Célestine m'annonce qu'elle va faire une petite sieste et qu'ensuite, nous irons au bord de la mer nous promener. Pendant qu'elle se repose, je fais le tour de l'étang et je croise Hubert, le jardinier, qui s'occupe de bêcher autour des plants afin que la tondeuse passe facilement. Il me donne un cours sur le jardinage, sa passion dont je ne connais rien. Je n'ai même pas osé adopter une plante, car je sais que je ne serai pas une bonne gardienne, et son espérance de vie serait très courte si elle vivait à mes côtés. Après ce bref échange, il a réussi à me convaincre des bienfaits des plantes. Je vais sans doute réfléchir à tenter l'aventure.

Célestine arrive avec des clés de voiture dans la main, puis me montre la jolie berline qui est dans son garage : ce sera notre véhicule pour nous promener. Je n'ai jamais conduit une aussi belle voiture, qui est automatique. Elle insiste et ne souhaite pas monter dans mon auto, qui pour elle est un danger pour notre sécurité. Je n'ose pas lui signaler que nous n'avons pas les mêmes moyens !

Une fois qu'elle m'a expliqué chaque option et précisé de laisser mon pied gauche mort, je sors. Comme je ne maitrise pas trop bien l'engin, le bruit sur les gravillons a certainement réveillé ceux qui peuvent nous entendre. Célestine part dans un éclat de rire et j'imagine que je dois être blanche comme un linge. Je respire et repars tout doux !

Nous voilà à destination. Je me gare au plus loin des autres voitures, puis je me dirige vers Célestine pour l'aider à descendre. Celle-ci me fait signe de la main qu'elle se débrouille parfaitement seule. Je la suis et nous prenons un petit escalier pour rejoindre le sable. La côte ici est très belle, avec un mélange sauvage par sa végétation et une mer aux différentes couleurs. Nous prenons le temps de marcher un peu ; nous sommes face au vent et le soleil, lui, réchauffe nos visages. Célestine a la tête haute, elle savoure ce moment délicat. Pour une fois, je fais de même et je ne parle pas : un exercice nouveau en ce qui me concerne.

— Regarde les enfants, Julia.

— Oui, ils font des châteaux de sable.

— Ça te dit que l'on aille avec eux ?

— Vous croyez qu'ils voudront bien de nous ?

— Allons voir.

Célestine s'approche des trois enfants en pleine construction et leur demande si elle peut jouer avec eux. Ceux-ci se regardent étrangement, en se demandant certainement comment une dame de cet âge peut avoir envie de jouer avec eux ! Le plus jeune crie : « Oui. » Alors nous commençons le château. Cela me rappelle mes seules vacances d'été au bord de la mer, quand j'avais neuf ans. Je suis chargée d'aller chercher de l'eau pour mouiller le sable ! Super, c'est moi qui ai la tâche la plus ingrate. Déjà petite, avec ma sœur, c'était pareil ! Je dois avoir la tête pour ce type d'opération, ce qui ne m'enchante guère ! Puis, après un moment, je me mets à genoux et je plonge aussi les mains dans le sable. La maman des enfants se rapproche et nous demande ce que nous faisons. Le plus grand des jeunes annonce : « Un château fort ! » Célestine est heureuse de nous apprendre à faire le plus beau des châteaux de la plage. La mère, étonnée, mais certainement rassurée, repart lire son livre.

— Merci Madame. Maman ne veut jamais jouer avec nous !

— Peut-être qu'elle n'aime pas faire des châteaux.

— Elle n'aime rien à part son travail et ses livres.

— Tu sais mon grand, commence Célestine, parfois les adultes oublient qu'ils ont aussi été des enfants.

— Ou bien ils ont des parents qui ne jouaient jamais, rajouté-je.

À ce moment-là, Célestine croise mon regard et pose une main sur mon avant-bras, comme si elle avait compris mon sous-entendu.

Cela fait déjà une heure et demie que nous construisons un château quand la maman des enfants revient. Nous les saluons, il est temps pour eux de rentrer. Je prends mon téléphone afin de photographier notre chef-d'œuvre pour l'immortaliser, car la mer va passer par là. Puis, Célestine m'annonce qu'elle aimerait faire un bain de pieds avant de rentrer. Nous voilà à enlever nos chaussures. Comme nous sommes en jupe c'est facile, pas besoin de remonter le pantalon.

Nous observons le large, perdues dans nos pensées. Je me sens bien auprès de Célestine, je n'ai pas vu la journée passer. Je suis calme et détendue. Cela me surprend, comme si cette femme avait un pouvoir apaisant sur ma personne. Pourtant c'est moi qui dois m'occuper d'elle et non l'inverse. Il faut que je reprenne les choses en main afin d'obtenir le poste, car c'est la période d'essai !

Sans que je m'y attende, je sens que l'on m'éclabousse, et le rire qui suit me confirme la coupable. Par réflexe, je fais de même, mais quand je me rends compte de mon geste, il est trop tard. J'ai mouillé ma patronne, la honte ! Dans un éclat de rire, elle continue et moi aussi. Nous sommes trempées et nos yeux aussi à trop rire. Mais nous avons quel âge ? Finalement, la limite d'âge pour rester un enfant n'appartient qu'à celui qui le décide !

— Nous sommes trempées, qu'est-ce qui vous a pris ?

— Une envie soudaine, et je voulais voir ta réaction.

— Je suis virée ?

— Oh non, pas du tout. Je vais dire à Théo de te préparer le contrat.

— Lui, s'il nous voit comme ça, il risque de ne pas vouloir que je reste avec vous.

— Julia, je vieillis, mais je ne suis pas en sucre. Cette journée a été parfaite. Je n'avais pas joué et ri depuis longtemps, cela m'a fait beaucoup de bien. Alors même si mon petit-fils n'adhère pas, je m'en moque. Et je crois que nous avons des choses à vivre ensemble.

Nous retrouvons la belle voiture. À cet instant, je pense : « Mon Dieu, les sièges en cuir ne vont pas apprécier nos tenues encore trempées. » Célestine me rassure : c'est sa voiture et il y a une couverture dans le coffre. J'installe cette dernière comme je peux, afin de protéger les deux sièges. Pas simple, mais après réflexion, je finis par y arriver.

Nous voilà de retour. Je file chercher une tenue pour Célestine, qui me dit de prendre dans son armoire ce qui me va afin de ne pas rester trop longtemps avec des vêtements humides. Une fois changées, nous nous saluons et je pars avec la promesse de revenir mercredi prochain.

En sortant, je tombe sur Théo qui me dévisage en me voyant avec un chemisier à fleurs et une jupe plissée. Je le rassure en lui disant que je n'ai pas pris de petite culotte. Après avoir fini ma phrase et en voyant sa tête, je regrette déjà. Mon Dieu, le cul serré ne va pas aimer ma remarque. Tant pis, je le salue, je remonte au plus vite dans ma voiture et je rentre chez moi avec un sourire qui ne me quitte plus de tout le trajet du retour.

7

Théo

— Bonsoir Mamie.

— Bonsoir mon grand.

— Alors cette journée ?

— Parfaite, je me suis bien amusée. Je vais bien dormir ce soir.

— Tes cheveux sont trempés !

— Oui, nous avons fait une bataille d'eau à la plage avec Julia.

— Tu plaisantes, j'espère.

— Non, c'était super. Du coup, elle m'a emprunté des vêtements afin de ne pas attraper froid.

— Je comprends mieux sa tenue. J'ai eu comme un doute en la voyant et elle semblait gênée de ma présence. Bon, je suppose que ce n'est pas la femme idéale pour te tenir compagnie.

— Bien sûr que si, elle est parfaite. D'ailleurs, peux-tu lui préparer son contrat ?

— Je crois, Mamie, que je ne me suis pas bien fait comprendre.

— De mon côté, je suis très claire. Julia est la personne qu'il me faut. Pour ta gouverne, c'est moi qui l'ai arrosée en premier !

Je ne sais plus quoi répondre à cette phrase. Comment ma grand-mère peut-elle avoir l'idée d'arroser les gens ? Elle n'a plus quatre ans !

Mais je dois reconnaitre que son visage est radieux, je ne l'avais pas vue ainsi depuis longtemps.

J'attends qu'elle finisse de me raconter sa journée, qui l'a rendue si joyeuse, avant de rentrer. Je suis pris entre deux émotions : je suis ravi de voir ma grand-mère heureuse, néanmoins, j'ai un doute quant aux capacités de Julia à prendre suffisamment en compte sa santé fragile. Célestine oublie que son cœur n'est plus tout jeune et qu'il est en sursis. Je ne supporterai pas de la perdre. Pas en ce moment.

Quand je suis chez moi, seul comme d'habitude, je me sers un verre de vin rouge et j'appelle Cynthia. Avec un peu de chance, elle sera disponible pour que nous passions un moment ensemble. Elle accepte bien cet arrangement : pas d'engagement, juste le plaisir. Malheureusement, je tombe directement sur le répondeur. Je ne serais pas surpris qu'elle ait bloqué mon numéro. Après six mois de relation « à la carte » comme elle dit, elle souhaitait un peu plus d'engagement de ma part. Forcément j'ai été très clair, c'est non. Et ce sera toujours non. Elle aura certainement été déçue et aura décidé de sortir de ma vie. Ce n'est pas la première et je sais que d'autres suivront le même chemin !

Une nouvelle journée commence ; le soleil et la chaleur de juin sont bien présents.

L'hôtel est plein et la saison s'annonce chargée. Ce n'est pas encore cet été que je vais pouvoir prendre quelques jours. En y pensant, pour quoi faire ? Les vacances tout seul, ce n'est pas génial, et mes amis, eux, sont en famille. Hors de question de tenir la chandelle ou pire encore, avoir des gamins dans les pattes. Le bureau me semble la meilleure des options.

Je récupère le contrat de Julia et je file chez ma grand-mère pour la prévenir. Ensuite, je téléphonerai à Julia afin qu'elle passe pour le signer.

— Coucou Mamie, tu es là ?

— Oui, j'arrive, je finis ma toilette.

— Tu te lèves seulement ? Il est onze heures !

— Oui, je me suis réveillée tard et ensuite j'ai traîné en pyjama. Je te rappelle que je suis à la retraite, donc je savoure ce luxe.

— Tu as bien raison. Je suis venu te dire que c'est bon, le contrat est prêt, je vais téléphoner à Julia pour lui demander de passer.

— Parfait. Dis-lui de venir boire un thé avec moi si elle a le temps après votre entrevue.

— Entendu, je lui dirai. J'ai mis jusqu'au trente-et-un août.

— Eh bien non, c'est un CDI, donc il faut le refaire.

— Considère que c'est sa période d'essai.

— Partons comme ça, mais je suis certaine qu'elle va être parfaite.

— Si tu le dis !

La conversation finie, je repars vers le restaurant voir si toute la mise en place est bonne. Les salariés sont à table avant le service. Généralement, je passe en cuisine me préparer une assiette que je mange dans mon bureau. Pas de perte de temps, mais surtout je ne suis pas au milieu de conversations qui ne m'intéressent pas. De toute façon au vu de mon statut, les employés semblent gênés en ma présence. Donc tout le monde y trouve son compte.

— Allo !

— Bonjour Julia, monsieur Dumas. Je vous contacte pour vous informer que votre contrat est prêt. Pouvez-vous passer ce soir ?

— Oui, mais je ne peux pas être chez vous avant dix-sept heures trente.

— C'est parfait.

— Entendu, à tout à l'heure. Chut les enfants. Désolée, ils sortent de la cantine et ils sont bruyants !

— C'est le moins que l'on puisse dire !

— Vous n'aimez pas les enfants ?

— Je vous dis à ce soir, Mademoiselle !

En raccrochant, je me rends compte que je n'ai pas été sympa. Mais nous n'avons pas gardé les vaches ensemble, et puis de quoi elle se mêle. Je vais devoir lui signaler que ma vie privée et mes goûts ne la regardent en aucun cas.

Après un long après-midi au bureau, j'aperçois par la fenêtre la voiture rouge passer et se garer sur le parking. C'est sans aucun doute Julia, d'ailleurs sa voiture détonne à côté des belles berlines de ma clientèle. Je me surprends à la regarder, elle dégage une joie de vivre même en marchant. Cela m'agace autant que ça me laisse admiratif. Elle fait partie de ces personnes à qui la vie ne veut que du bien et qui en plus le montrent avec leur façon d'être.

On frappe à la porte.

— Entrez.

— Bonsoir monsieur Dumas.

— Approchez-vous Julia, voici le contrat.

— Vous y voyez un inconvénient si je m'assois ?

— Pas du tout, mettez-vous à l'aise.

— Non, je vais éviter, je pourrais vous choquer si je me mettais à mon aise !

J'observe ce sourire qui accompagne la remarque, je ne sais pas si c'est de la provocation ou de la drague. Quelle que soit son intention, elle ne va pas jouer longtemps à ce petit jeu avec moi !

— Comme vous pouvez le voir, ce contrat va jusqu'au trente-et-un août.

— D'accord, mais Célestine m'a parlé d'un contrat à durée illimitée.

— Considérez que c'est votre période d'essai.

— Entendu. En revanche, il serait aimable de votre part de m'avertir si vous ne souhaitez pas le renouveler, afin que j'aie un laps de temps pour trouver un nouvel emploi.

— Bien évidemment.

Quand le contrat est signé, je raccompagne Julia jusque chez ma grand-mère, qui avait émis le souhait de la voir avant qu'elle ne reparte. Je dois admettre qu'elles ont déjà l'air de grandes copines. Célestine a les yeux qui brillent en la regardant, et Julia échange avec ma grand-mère avec beaucoup de douceur. Je m'installe avec elles, même si je me sens hors conversation.

— Théo, mon grand, tu veux bien raccompagner Julia jusqu'à sa voiture ?

— Oui, mais je pense qu'elle connaît le chemin !

— Ne vous embêtez pas Théo, en effet je connais le chemin. À mercredi Célestine, je vous laisse choisir le programme.

— Avec grand plaisir, Julia.

Je fais un bout de chemin avec Julia, je la salue et lui souhaite une bonne soirée. La sienne risque d'être plus joyeuse que la mienne. Si j'ai bien compris, elle est célibataire et sans enfants. Tout comme moi. Néanmoins à l'écouter, sa vie sociale semble chargée, ce qui n'est pas vraiment mon cas. J'en souffre, mais c'est ainsi. Les autres sont parfois trop ou pas assez à mon goût. Je reste libre et cela me conforte dans mes choix de vie.

8

Julia

Voilà déjà trois semaines que j'ai commencé mon nouveau travail ; la compagnie de Célestine est très agréable. Les activités sont diversifiées. Elle ne manque pas d'imagination, et me lever le matin pour la retrouver me procure beaucoup de joie. La météo nous aide bien pour varier les plaisirs. Nous avons trouvé notre rythme : le matin, j'aide Célestine avec le ménage, puis nous prenons un thé, ensuite je lui prépare son déjeuner. L'après-midi, après sa sieste, nous faisons soit une promenade au bord de la mer, soit des courses. À quatre heures, nous prenons un en-cas, mais ma ligne risque de ne pas le supporter longtemps. Célestine est gourmande, donc c'est : glaces, gaufres ou beignets. Elle dit qu'il faut savoir savourer les bonnes choses de la vie. Enfin, elle a fait sa vie, de mon côté j'aimerais garder un physique correct et surtout continuer à me sentir bien dans mon corps et dans mes robes. Le soir, en rentrant, je continue mes footings, mais ce n'est plus pour vider mon esprit contrarié, car l'ambiance ici est légère. Je me rends compte que mon travail à l'école agissait plus que je ne voulais le penser sur mon moral.

Théo, lui, m'évite, et quand nous avons l'occasion de nous croiser, c'est pour nous saluer. Il ne semble vraiment pas drôle ce type. En plus, il me met mal à l'aise. Heureusement avec la saison, il est coincé dans le bureau de son hôtel-restaurant tôt le matin jusque tard le soir. Sa vie ne me donne pas envie !

— Bonjour Julia, comment vas-tu ce matin ?

— Bonjour Célestine, très bien et vous ?

— Bien, ce midi je t'invite au restaurant.

— D'accord et en quel honneur ?

— Car c'est vendredi, pour fêter le week-end. Nous allons donc partir vers onze heures quinze, j'ai réservé pour midi.

— Vous savez Célestine, nous ne mettons pas quarante-cinq minutes pour aller jusqu'à votre restaurant !

— J'ai oublié de te préciser que nous allons en ville : mon restaurant, je le connais déjà.

— Très bien, avec grand plaisir.

Je n'ose pas rajouter « ouf ». Je suis soulagée car ainsi, je ne verrai pas Théo ! Me voilà plus enthousiaste d'aller partager ce moment avec elle.

Nous nous installons en terrasse après avoir tourné en rond un bon moment pour trouver une place. C'est noir de monde : avec les vacances, ce lieu attire beaucoup de touristes. C'est pourquoi je n'y vais jamais l'été. Mais force est de constater que c'est agréable comme ambiance, je me sens en vacances alors que je travaille ! À y réfléchir, c'est le pied : je suis payée pour qu'une femme comme Célestine me fasse plaisir. Incroyable, j'ai toujours connu l'inverse : essayer de faire le mieux pour les autres afin qu'ils m'acceptent. Ce changement de rôle me déstabilise parfois, mais je reconnais que je le trouve agréable et reposant.

— Alors ma Julia, as-tu fait ton choix ?

— Oui, je vais prendre la salade du chef. Et vous ?

— Comme toi, vu la chaleur, je vais rester sur quelque chose de léger.

Une fois la commande partie, nous voilà à trinquer au week-end.

— C'est quoi ton programme de demain et dimanche ?

— Je sors ce soir avec des amis, donc demain matin grasse matinée. Puis je vais faire du ménage chez moi. Dimanche, je verrai selon mon humeur.

— Tu sors beaucoup ?

— Oui. Souvent le vendredi, on se retrouve avec les copains. Nous buvons un verre, puis nous mangeons une petite pizza soit en ville, soit chez l'un ou l'autre. Mais je dois avouer que nous finissons toujours un peu tard. Il n'y a pas d'enfants dans les différents couples pour le moment. En plus, je suis la seule célibataire.

— Comment se fait-il qu'une jolie fille comme toi soit seule ?

— Eh bien, elle essaye de se réparer de sa dernière rupture.

— Aïe, sujet sensible, désolée.

— Non, ne le soyez pas, je n'en parle pas et personne ne me demande comment je le vis. Tout le monde pensait qu'il n'était pas fait pour moi, donc notre séparation est un cadeau.

— Et ça l'est ?

— Je ne sais pas, il me manque un peu, mais moins que Noah, lui c'était vraiment un bel amour. Je ne souhaite pas lui donner de l'importance, donc j'ai décidé de le zapper complet. Malgré cela, si je regarde au plus profond de mon cœur, je sais que je n'aurais jamais été heureuse avec lui et je ne veux pas finir comme ma mère.

En disant cela, je repense à la vie de ma maman, qui vit maintenant seule. Je ne vais pas beaucoup la voir et elle ne veut pas quitter sa maison. Elle a vécu au service de mon père, qui ne la traitait pas bien. Elle était sa boniche et il arrivait souvent qu'il lui parle très mal. Je ne pense pas qu'il ait osé aller plus loin dans ses violences, mais si ça a été le cas, je ne souhaite pas le savoir. Elle nous a bien élevées avec ma sœur. Elle nous disait de choisir un homme qui aurait de la valeur à nos yeux, mais il fallait surtout que lui nous voie comme un bijou inestimable. Elle a dû rêver de ça toute sa vie et finalement, ce n'est pas avec mon père qu'elle aura connu le sentiment d'être un trésor.

Je m'en veux d'avoir raconté cela à Célestine, car j'ai fait le choix de couper les ponts avec cette vie. Au décès de mon père, je n'ai même pas vraiment pleuré un papa. Il ne l'avait jamais été. En voyant ma mère fatiguée et angoissée, je m'étais focalisée sur elle. Mais après plusieurs années, j'avais fait le choix de partir avec mon diplôme et de m'installer ici, où je suis une étrangère. Ici, je n'ai pas la sensation d'être la fille dont le père n'était pas un homme bien pour sa femme et ses enfants. À l'époque, tout le village le voyait saoul le soir, mais personne ne se préoccupait de nous. Nous étions les filles de l'alcoolique. Cela m'avait donné envie de me tourner vers les enfants, afin de soulager des peines de cœur. Et me voilà maintenant avec une dame âgée qui m'écoute avec attention, un regard tendre posé sur mon visage.

— Tu sais Julia, tu es celle que tu es grâce à cette expérience.

— Je m'en serais bien passée.

— Crois-tu vraiment ?

— Qui veut d'une enfance prise entre l'alcool et les insultes, sans argent pour s'habiller parce que tout est bu ?

— Personne, mais cela t'a permis d'avoir la vie que tu as aujourd'hui.

— Elle n'est pas glorieuse. Je suis seule dans un mini-appartement, sans famille et avec un job qui est loin de mes compétences. Ne le prenez pas pour vous, je suis heureuse de travailler à vos côtés.

— Tu sais Julia, je savais que nous avions un bout de chemin à faire ensemble. Toi tu m'offres ta jeunesse pour sortir de mon château, et moi je t'offre l'expérience d'une vieille femme, qui a aussi traversé des épreuves. Je te le répète, grâce à ton enfance tu es devenue une belle femme, joyeuse, qui rit et qui vit. Je te félicite, car tu aurais pu choisir autre chose. C'est déjà une belle victoire.

En écoutant Célestine, je pense à ma sœur qui a pris la même route que ma mère. À l'occasion d'un Noël en famille, voyant le même scénario se reproduire lors d'un repas, j'ai fui, car je me suis dit : « Non, je ne veux être ni ma mère ni Stéphanie. » Cette pensée me rassure sur le fait que j'ai peut-être fait le bon choix, même si me voir fuir leur avait semblé égoïste. Quand j'ai ma sœur au téléphone, elle ne semble pas épanouie, bien que sur le papier elle soit maman, mariée et propriétaire d'une maison à crédit. Son travail ne paraît pas la rendre très heureuse et surtout, il la fatigue beaucoup. Quant à mon beau-frère, il n'est jamais là, ne supporte pas les cris de ses enfants et ose dire à ma sœur que la prise de poids liée aux grossesses lui donne envie d'aller voir ailleurs. Ce discours, Stéphanie le connaît par cœur. Je ne comprends pas qu'elle l'accepte, elle aurait certainement dû dire stop à la première remarque. Elle n'a sûrement pas osé ou alors elle connaît trop bien ce mode de fonctionnement et cela ne la choque peut-être pas.

Après avoir vidé mon sac, ce que je n'avais pas eu l'occasion de faire étant donné que je reste distante avec mon passé quand je discute avec mes amis, je me sens triste. En revanche, pouvoir exprimer mes émotions me fait du bien. Le non-jugement de Célestine m'a aidée à dire ce que j'avais sur le cœur. Elle semble comprendre, et sa remarque qui précise que je peux être fière de moi m'a fait un bien fou. Personne ne m'avait jamais dit cela, les gens me voient comme une demoiselle un peu vulgaire avec mes robes et mon rire. Mais ce personnage, c'est comme pour dire à mon père : « Avec moi tu auras échoué, je ne serai jamais le modèle de femme que tu souhaitais et je ne me soumettrai pas. »

Nous partons ensuite nous promener sur les remparts pour prendre l'air marin et digérer. Célestine me raconte l'histoire de ce lieu puisqu'elle est d'ici. Une fille de la ville, comme elle aime le dire, a épousé un homme de la campagne avec qui elle semblait heureuse. Malheureusement, ils ont perdu leur fils unique, le papa de Théo, parti trop jeune dans un accident avec son épouse. Quand Célestine évoque ce moment, sa peine est palpable. Je comprends mieux pourquoi Théo est si protecteur avec elle. Elle est sa maman par procuration, pas juste une mamie. Et je prends conscience que lui aussi est seul, mais pas pour les mêmes raisons que moi. Chacun a construit sa carapace. Or cela ne m'empêche pas de penser que Théo n'est vraiment pas un mec sympa. Sa froideur me tétanise alors que ma joie de vivre l'agace. Nous ne sommes pas près de bien nous entendre tous les deux !

9

Théo

Aujourd'hui, nous sommes le quatorze juillet : l'hôtel et le restaurant battent leur plein en cette période. La météo est aussi de la partie, ce qui fait que la piscine est bien occupée, ainsi que le spa.

Par chance, le personnel est présent et le planning suit bien son cours malgré les vacances qui se succèdent. De mon côté, je ne chôme pas avec les commandes, les réservations et la comptabilité : cette période est chargée. Je ne pense même pas aux congés, ce serait mission impossible. Comme tous les soirs, je rentre seul, fatigué et prêt à reprendre mon poste le matin. Pendant ce temps je ne réfléchis pas, j'avance. Ce programme, je le maîtrise parfaitement bien.

Il est déjà presque midi, je quitte mon bureau pour aller chercher mon repas. En arrivant près de la cuisine, je reconnais la voix de Julia qui paraît bien s'entendre avec le cuistot. Je ne sais pas de quoi ils parlent, mais ça les fait rire tous les deux.

— Bonjour Julia.

— Bonjour Théo, je suis venue chercher de la salade pour le repas de midi.

— Parfait, comme vous l'avez dans les mains je suppose que vous avez fini.

— En effet. À bientôt Simon.

— À bientôt Julia.

Je l'observe partir la tête basse, comme une petite fille prise la main dans le sac après avoir désobéi. Je dois certainement la mettre mal à l'aise. Un sentiment de culpabilité m'envahit. Elle s'occupe très bien de ma grand-mère, et de mon côté je la fais fuir. Je crains tellement qu'elle ne devienne envahissante que je fais tout pour qu'elle débarrasse le plancher dès que nous sommes dans la même pièce.

— Elle vient souvent Julia ?

— Non, de temps en temps, quand il lui manque quelque chose, me répond Simon. Cela étant, elle vient toujours de la part de Célestine.

— Je me doute bien qu'elle ne vient pas pour prévoir son repas du soir.

— Évidemment que non.

— Vous aviez l'air de bien vous entendre !

— Tu insinues quoi Théo ?

— Rien, je constate seulement.

— Oui, je m'entends bien avec elle. Elle est drôle et je dois la voir quinze minutes en tout et pour tout par semaine. Donc si tu penses que je me la tape, eh bien c'est non.

— Je n'y ai pas pensé du tout.

— Alors c'est parfait. Tu veux quoi pour ce midi, le plat du jour ?

Un peu vexé, je repars avec mon assiette, puis je décide d'aller manger avec Célestine et Julia. Cela me changera de prendre mon repas en tête à tête avec mon ordinateur. Ce sera aussi l'occasion de découvrir cette femme dont tout le monde me parle de manière positive. Je l'ai peut-être mal jugée ou mise mal à l'aise, ce qui aura créé ce froid entre nous.

— Coucou Mamie. Je peux me joindre à vous ce midi ?

— Évidemment mon grand. Entre, nous allions commencer.

Julia m'observe avec un regard étrange, elle doit certainement se demander si je suis venu en tant qu'espion. Elle a la gentillesse de me proposer de l'entrée. J'accepte volontiers, ça semble appétissant. Ma grand-mère nous examine et je sens qu'elle va dire la phrase de trop, ou celle qui met mal à l'aise.

— C'est gentil de venir nous tenir compagnie Théo.

— Avec la saison, il est vrai que je mange en dix minutes chrono dans mon bureau. Ce n'est sans doute pas une riche idée.

— Enfin, tu comprends. Tu verras, ce soir, tu ne seras pas plus pauvre que si tu étais resté tout seul. Bien au contraire !

— Je sais bien, mais j'ai tellement peur de me laisser déborder.

— Non, je pense que le souci n'est pas là, c'est la solitude que tu aimes.

— Et si on parlait d'autre chose ? Alors, cet après-midi, c'est quoi votre programme ? demandé-je en regardant Julia.

— Avec Célestine, nous avons prévu de faire une partie de pétanque. Vous voulez venir avec nous ?

— Euh, non, j'ai beaucoup de travail.

En disant cela j'ai honte, mais dans l'absolu c'est vrai. Le souci, c'est que je présente toujours cette excuse à tout le monde. Julia apprendra que c'est ainsi. Je ne suis jamais disponible. En revanche, le mot « pétanque » réveille en moi des souvenirs. Petit, j'adorais jouer avec mon père et mon grand-père le dimanche après le repas. Mais ça, c'était avant.

Une fois le repas terminé, Célestine prend congé pour sa sieste et Julia me propose un café, que j'accepte volontiers. Nous décidons d'aller le prendre sur la terrasse : cela me permet de profiter du soleil de juillet que je ne vois pas beaucoup.

Julia apporte les cafés et un long silence s'installe ; chacun regarde au loin, ne sachant pas comment entamer une conversation. Je suis un peu gêné, car le personnel de l'établissement, ma grand-mère ainsi que Sylvia ne cessent de me dire que Julia est la joie de vivre incarnée. Pour le moment, il n'y a aucun son. Je dois fournir un effort pour qu'elle ose me montrer sa personnalité, qui m'intrigue depuis le jour de l'entretien.

— Comment ça se passe avec Célestine ?

— Parfaitement bien, votre grand-mère est une femme magique. Nous nous entendons à merveille.

— Je suis ravi de vous l'entendre dire. Elle aussi vous apprécie énormément et vous lui faites beaucoup de bien au moral.

— C'est réciproque, elle est aussi d'une grande écoute.

— Pourtant, tout le monde dit de vous que vous êtes un rayon de soleil.

— Ah bon, eh bien je ne le savais pas. C'est pour cacher ma part d'ombre peut-être !

— Je ne sais pas, car en ma présence vous êtes plutôt timide.

— Cela vous étonne ?

— Un peu en effet.

— En même temps, vous avez tout fait pour que j'aie ce comportement avec vous.

Quand j'entends cette phrase, mon cœur se serre. Évidemment, je dois reconnaitre que je ne lui ai pas toujours parlé de manière sympathique et je ne l'ai jamais mise très à l'aise. Son côté marginal me posait problème, je craignais qu'elle ne s'occupe pas assez bien de ma grand-mère. Or je suis obligé d'admettre que je me suis trompé sur sa personne. Comme souvent d'ailleurs. À toujours chercher la faille, nous finissons par ne plus voir l'essentiel.

— Je vais retourner au bureau, merci pour le café.

— Avec plaisir, à bientôt.

— Oui, peut-être à tout à l'heure, si nous avons l'occasion de nous croiser.

Je rejoins mon bureau d'un pas nonchalant, un après-midi pétanque m'aurait certainement fait du bien, mais le devoir m'appelle et en cette période, mon planning est très chargé.

Voyant qu'il est dix-huit heures trente, je décide de fermer, il fera jour demain. Je file voir ma grand-mère afin de lui souhaiter une bonne soirée et pour savoir comment s'est passé son après-midi. En arrivant chez elle, je tombe nez à nez avec Julia qui s'apprête à rentrer chez elle.

— Bonsoir Julia, alors cette pétanque ?

— C'était super, nous avons joué avec des touristes marseillais. Et devinez qui a gagné ?

— Eux sans doute.

— Eh bien non, pas du tout. Alors ils nous ont invitées à boire un pastis au bar. Mon Dieu ce n'est vraiment pas bon !

— Vous avez bu en plein après-midi ? Et ne me dites pas que ma grand-mère vous a suivie ?

— Bien évidemment qu'elle m'a suivie, je suis payée pour être avec elle. Elle a aussi fini mon verre, je le trouvais trop infâme. Demain, il y a la revanche, si vous voulez vous joindre à nous. Je dois vous laisser, je suis attendue. À demain Théo.

Je regarde Julia partir, je ne sais plus quoi penser. Je vais déjà aller vérifier que Célestine n'est pas ivre morte. Je pense que demain, je vais les accompagner afin de voir ce que c'est que cette histoire de pétanque qui finit au pastis dans un bar avec des touristes inconnus.

— Mamie, tu es là ?

— Oui, entre, je suis dans le salon.

— Comment vas-tu ?

— En pleine forme, tu aurais dû venir avec nous.

— Je viens de croiser Julia, elle m'a expliqué.

— Donc tu viens voir si je ne suis pas complètement saoule.

— En effet.

— Pas d'inquiétude, je tiens encore l'alcool. Julia est allée me chercher un petit pain au chocolat. Elle n'a bu que deux gorgées, elle n'a pas aimé et avait le devoir de me ramener. Nous y retournons demain. Tu veux venir ?

— Je vais y réfléchir.

Ma grand-mère se redresse, prend mes mains dans les siennes et me regarde tendrement, comme elle le faisait quand j'étais enfant.

— Tu sais Théo, que tu sois riche ou pauvre, heureux ou malheureux, tu ne sortiras pas de cette terre vivant. Alors fais de ton existence un joli voyage. La mienne arrive gentiment au bout. Et j'ai bien l'intention de la savourer du mieux que je peux. Tu devrais en faire autant. Tu as de belles années encore devant toi. Ne passe pas à côté de l'essentiel, c'est une souffrance qui te poursuivra.

— Je serai là demain pour la pétanque.

— Merci, nous allons bien rire.

10

Julia

— Bonjour Célestine, comment allez-vous ce matin ?

— Très bien Julia. J'ai passé une bonne nuit.

— Remarquez, avec l'après-midi que nous avons passé hier... J'ai bien dormi également.

— Ce matin, nous allons faire le marché si tu veux bien.

— C'est parfait. Je vais en profiter pour faire quelques courses si ça ne vous dérange pas. Je n'ai plus rien dans mon réfrigérateur et j'ai un invité ce soir.

— Un nouvel amoureux ?

— Amoureux je ne sais pas. Mais de la compagnie ; pour le moment, c'est le mot qui lui correspond le mieux.

— Désolée, je ne voulais pas être indiscrète.

— Ne le soyez pas, si je ne voulais pas en parler, je n'avais qu'à me taire.

Après notre rituel du matin, nous voilà parties au marché. Il y a beaucoup de touristes. Je surveille au mieux Célestine, qui passe le plus clair de son temps à parler avec tout le monde et à poser des questions à chaque marchand sans rien acheter. Alors je remplis mon panier. Ma « compagnie » de ce soir, qui se nomme Alexandre, va être gâtée. C'est un garçon gentil et très simple. J'ai d'ailleurs bien peur de le faire souffrir s'il s'attache. Je les aime plus sûrs d'eux et entreprenants. Lui c'est vraiment une crème. En y réfléchissant, peut-être qu'un peu de douceur me fera du bien. Pas de plans sur la comète, nous allons déjà nous découvrir. Nous saurons bien à un moment donné si nous sommes compatibles pour la suite du chemin.

Le marché fini, Célestine commence à avoir faim, nous prenons alors la direction de la maison. Elle nous a acheté le repas qui n'est plus qu'à réchauffer. Je ne vais pas être épuisée par la cuisine ce midi.

Quand nous arrivons, Théo est devant la porte d'entrée avec son assiette. J'ai un sentiment de pitié qui m'envahit, car pour la première fois je capte une grande tristesse. Le temps de me garer et de descendre les courses, Célestine l'a déjà rejoint. Nous installons la table en terrasse et chacun prend place. Théo, lui, a eu droit au plat du jour du restaurant, qui semble délicieux. Il faut dire que Simon est un bon chef de cuisine. D'ailleurs, en observant Théo, je me demande comment il fait pour rester aussi mince en mangeant si bien tous les jours et en étant au bureau, sans activité physique à côté. Il n'y a pas toujours de justice. À moins qu'il ne se défoule le soir.

— Tu viens faire une partie de pétanque avec nous, Théo? demande Célestine.

— Oui, avec plaisir.

Je manque de m'étouffer quand j'entends sa réponse. Comme il dit toujours non, le « oui » déjà, me surprend. Et l'imaginer avec nos Marseillais me donne envie de rire avant même de voir la scène. Rester neutre même si ce n'est pas simple. Célestine va être ravie de le savoir en notre compagnie. Je crains tout de même que l'après-midi ne soit moins rigolo qu'hier.

Après le repas, Théo nous annonce qu'il va chercher sa voiture. Il doit certainement appréhender de se faire conduire. Je m'installe à l'arrière, et Célestine, en tant que copilote, le guide pour rejoindre nos nouveaux amis. Alors que nous arrivons sur la place, nous voyons que les Marseillais sont déjà là et qu'ils attendent sagement à l'ombre d'un arbre. Célestine part à leur rencontre. Je reste à côté de Théo, qui a l'air de se demander ce qu'il peut bien faire ici.

La partie commence tranquillement et chacun y va de ses commentaires. Certains ont la victoire plus humble que d'autres. J'observe Théo qui se détend, il a même fait tomber la veste. En revanche, ses belles chaussures en cuir vont perdre de leur brillance et risquent de lui donner un sacré mal de pieds ce soir. Aujourd'hui, c'est victoire des Marseillais, donc en bons perdants, nous allons au bar afin de boire du cidre pour fêter leur succès. Cela me va bien, car je ne conduis pas pour le retour et j'aime bien le cidre. Je n'en abuse pas, il faut tout de même que je rentre chez moi.

Célestine est à l'aise avec ses nouveaux amis, ils discutent de tout : de la région, de l'hôtel et des lieux à visiter pour ces touristes. Comme je ne peux pas en placer une et voyant Théo spectateur autant que moi, je décide de me lancer :

— Alors Théo, cet après-midi vous a plu ?

— Oui, ça fait du bien de lâcher un peu. J'en avais besoin je crois.

— En effet, vous êtes blanc comme un linge, la vitamine D c'est maintenant, en juillet, qu'il faut en faire des réserves.

— Ce n'est pas si simple.

— Certes, mais prendre un peu de temps pour soi, c'est agréable.

— Vous avez raison, je vais d'ailleurs venir avec vous chaque vendredi après-midi.

— Avec plaisir, votre grand-mère sera ravie de passer un peu de temps en votre compagnie.

— Je lui manque ?

— Oui, mais surtout elle s'inquiète pour vous.

— Elle ne devrait pas, je vais très bien.

— Alors c'est parfait.

Nous saluons tout le monde avant de rentrer à la maison. Célestine est survoltée. Je ne sais pas si ce sont les deux verres de cidre, l'après-midi avec ses nouveaux amis ou la présence de Théo, mais impossible de l'arrêter.

Après avoir fini les préparatifs du soir, je prends mon sac à main et je vais saluer Théo et sa grand-mère pour leur souhaiter un bon week-end. Ma « compagnie » va finir par m'attendre.

— Bon week-end ma Julia, et merci pour cette semaine.

— Avec plaisir, reposez-vous un peu.

— Oui, je vais être sage et prévoir le planning des activités de la semaine prochaine.

— Bonne soirée Théo, dis-je.

— Bonne soirée à vous aussi et bon week-end.

— Merci, vous aussi prenez le temps de souffler.

— Jamais le samedi et le dimanche, en plus nous sommes complets.

— Alors bon courage et à lundi.

En partant, j'ai de la peine pour lui. Je me demande si cela vaut la peine de travailler autant au vu de sa tête. Est-ce que son travail lui offre aussi du plaisir ? Je suis certainement moins riche que lui sur mon compte en banque, néanmoins, j'ai une vie bien plus joyeuse. Finalement, elle est où la vraie richesse ?

11

Théo

Alors qu'elle regarde Julia partir, ma grand-mère se sent dans l'obligation de me parler d'Alexandre, son nouveau compagnon, qui l'attend pour la soirée. Elle en rajoute un peu en me disant que pour le moment, c'est juste le début, qu'il n'y a rien de sérieux entre eux. Sur le coup, je ne comprends pas pourquoi elle insiste autant. Julia est libre de ses faits et gestes hors de son temps de travail. En revanche, je ressens une profonde solitude : après un après-midi comme celui-ci, l'idée d'être à nouveau seul ce soir me rend nostalgique.

Comme il est presque dix-neuf heures, je décide d'aller au bureau éteindre mon ordinateur et de rentrer chez moi. Je travaille tout ce week-end, donc j'aurai le temps de clôturer ce qui est en attente depuis cet après-midi.

En arrivant dans mon appartement, j'aspire à me regarder un bon film et à aller me coucher de bonne heure. Demain soir, j'irai rejoindre Marco afin que nous allions boire un verre ensemble. Je suis content qu'il m'ait appelé. Quand j'ai répondu favorablement à son invitation, il semblait surpris. Je le comprends, j'ai décliné les dix dernières, il a donc certainement pensé que je faisais la tête.

La journée du samedi passe à grande vitesse : c'est le jour où il y a le plus de départs et d'arrivées. Comme Pauline est seule à la réception, je suis à ses côtés. Sylvia étant en vacances, les saisonniers ont du mal à suivre le rythme des chambres à préparer. Après une matinée à courir et à organiser les choses, je décide d'aller chercher mon repas et de rejoindre Célestine, qui va passer la journée toute seule. Quand je la retrouve, elle est en terrasse à prendre son entrée.

— Bonjour Mamie, comment vas-tu ?

— Très bien. Et toi ?

— Je viens manger en ta compagnie, pour souffler avant les arrivées.

— Installe-toi mon grand. Et demain tu travailles aussi ?

— Oui, en saison, tu sais que c'est sept jours sur sept.

— Oui, je ne le sais que trop bien, et je l'ai mal vécu d'ailleurs.

— Pourquoi ? Tu n'étais pas contente de savoir ton hôtel-restaurant complet ?

— Si, mais à quel prix : ne pas voir mon fils grandir, ne pas prendre de vacances au soleil, ne pas voir assez mes parents. Et par-dessus tout, j'étais tellement fatiguée qu'il me fallait presque trois mois pour récupérer. Merci bien !

— Merci pour le cadeau.

— Théo, ce n'est pas moi qui t'ai offert ce cadeau. C'est ton grand-père.

— Oui mais grâce à ça, tu restes dans ta maison.

— Alors si tu as fait ce choix juste pour ma maison, mauvaise idée. Nous pouvions la vendre et j'en aurais acheté une en centre-ville, beaucoup plus petite en plus. Je te rappelle que c'était mon envie, avant Julia.

— Tu sembles contente d'elle.

— Oui, elle est adorable. En revanche, je sais maintenant qu'un héritage doit être un cadeau et non un fardeau. Donc si ta vie ne te plaît pas, vends tout, je ne t'en voudrai pas.

— Je sais, mais j'aime ce que je fais.

— Alors lâche un peu la pression et prends un peu plus soin de toi.

Quand j'entends ma grand-mère prononcer ces mots, je ressens une vraie douleur. Je me dis que j'ai tout faux, je pensais que cela la rendrait heureuse de me voir continuer l'histoire familiale, que de garder sa maison la rassurerait et là, elle m'annonce ça. J'ai comme un doute qui s'empare de moi. Est-ce que je suis à la bonne place ? Comme je ne souhaite pas la contrarier et que de mon côté, je ne veux pas me poser plus de questions, je pars chercher le café pour clôturer ce repas. J'étais venu pour me détendre, me voilà maintenant avec mille questions en tête. À cette époque de l'année, nous gardons le nez dans le guidon ; je me poserai des questions existentielles à l'automne et j'en parlerai de nouveau avec elle. Mais l'idée de quitter l'hôtel me fait déjà mal, alors à quoi bon s'en séparer et puis, pour quoi faire ?

Nous sommes dimanche, il est vingt heures. Le contrat de Julia est prêt. Après avoir passé du temps avec elle et au vu des retours de tout le monde, je ne veux pas la faire attendre davantage. Je lui avais promis de l'avertir si nous le renouvelions. Il est temps pour Célestine et elle de savoir qu'elles pourront compter l'une sur l'autre à l'automne. De mon côté, la présence de Julia va me permettre de prendre un peu de vacances avec Marco.

Marco, je le connais depuis peu de temps, c'est lors d'une soirée que nous avons sympathisé. Pourtant, nos façons de penser et de vivre nous opposent. Podologue de métier, il adore ce qu'il fait, mais il se garde du temps pour lui et ses loisirs. Il est toujours optimiste quel que soit le sujet. Quand je suis avec lui, j'ai le sentiment que tout va bien. Il est heureux et ne s'attarde jamais sur les choses non essentielles : il vit. Sa présence me fait du bien, c'est pourquoi j'ai accepté de passer quelques jours en sa compagnie. Et puis, nous sommes célibataires tous les deux, donc pas de copines à convaincre de rester à la maison !

Comme tous les lundis, j'arrive un peu plus tard au bureau. Après que je me suis garé, le véhicule de Julia se place à mes côtés. Je descends et je me dirige vers elle pour la saluer.

— Bonjour Julia, vous avez passé un bon week-end ?

— Bonjour Théo, oui merci. Et vous ? Avez-vous pris du temps pour vous reposer un peu ?

— Pas vraiment, juste samedi soir, je suis allé boire un verre en ville avec un ami. Vous tombez bien, j'ai finalisé votre contrat à durée indéterminée à compter du premier septembre, si vous êtes évidemment partante.

— Bien sûr, j'aime beaucoup la compagnie de Célestine et vous me payez très bien. Merci de m'en informer. Cela me soulage.

— Merci à vous d'accepter et de rendre ma grand-mère si heureuse. Elle avait raison en vous choisissant.

— En effet, ce n'est pas vous qui m'auriez recrutée.

— Désolé, je vous ai mal jugée.

— Ne soyez pas attristé, c'est une attitude que j'ai toujours connue.

Julia tourne les talons pour rejoindre la maison et son devoir. Sa dernière remarque me reste en tête et surtout ses yeux, lorsqu'elle a prononcé cette phrase. Pourtant, quand j'ai vu Julia la première fois, j'ai eu le sentiment d'une femme fatale, que rien n'atteint ni n'arrête. Elle m'a offert un bref aveu de faiblesse, qui la rend touchante et sensible.

Il est temps que je retrouve mon fauteuil préféré. Certainement que ma boîte mail est pleine à craquer, mais pour la première fois, je m'en fiche. Mon objectif du jour : clôturer le retard que j'ai pris afin de bien commencer la semaine et surtout, pour me garder mon vendredi après-midi. C'est déjà un bon début, et rien que d'y penser, je suis heureux de remonter les escaliers pour rejoindre mon bureau.

12

Julia

L'annonce de Théo me soulage grandement. J'aime beaucoup ce travail, même s'il est loin des études que j'ai faites. Célestine m'apporte beaucoup par ses discussions et il n'y a jamais de limite. Les horaires sont confortables et le salaire aussi, cela me permet de garder mon appartement sans trop me poser de questions.

Le week-end avec Alexandre a été agréable, c'est un homme très doux, ça me change. Mathilde a débarqué dimanche en fin de matinée et a pu faire sa connaissance. Je n'ai pas eu de retour de sa part sur ses ressentis, ce qui me surprend, car elle a forcément une idée sur la personne. Son avis est important pour moi, parce qu'il est souvent juste. En y repensant, je me dis qu'il est peut-être temps que je me fasse confiance. Est-ce que je me vois vieillir avec lui ? Pour le moment, ce n'est pas la question, je vais laisser passer quelques jours et je verrai bien s'il me manque ou pas.

Comme à son habitude, Célestine nous a préparé un programme agréable pour cette semaine : plage et marché. Pour elle, ce sont deux activités indispensables pour une semaine réussie. Elle souhaite également faire les magasins afin de se trouver quelques tenues, et aller au cinéma jeudi car apparemment, le temps ne sera pas de la partie. Elle a aussi prévu d'inviter Théo vendredi midi. Elle va nous faire une surprise qu'elle a concoctée tout le week-end et dont certains détails sont encore à affiner. Je m'attends à tout avec elle. Cette femme ne manque jamais d'originalité.

La semaine est passée très vite, j'ai très peu croisé Théo. Je voyais que le parking était toujours rempli : signe que l'activité est toujours en plein essor. Comme nous sommes vendredi, je dois préparer ce matin le repas avec Célestine, qui semble remontée comme une petite fille. À mon avis, c'est l'idée qu'elle a préparée qui lui donne une excitation pareille. J'espère que Théo saura accueillir cette surprise aussi bien que Célestine le souhaite. Je n'ai eu aucun indice, et ce n'est pas faute d'avoir essayé de creuser un peu. J'ai regardé autour de moi, un objet ou autre, pour m'éclairer et rien d'évident n'est apparu. Même pendant qu'on était au marché : à part acheter le menu du jour et un gâteau plus volumineux, rien !

J'entends Théo qui frappe à la porte : je pars l'accueillir et lui dire d'aller prendre place en terrasse. Le repas se passe sans encombre. Nous parlons de tout et de rien. Théo semble fatigué, ses traits sont tirés. Célestine, elle, rayonne. Depuis que je suis à ses côtés, j'ai l'impression qu'elle a rajeuni. Même si sa démarche, plus lente, lui rappelle le poids des années qui sont derrière elle, son moral et sa fougue conservent sa jeunesse. Elle est une jolie source d'inspiration pour mes vieux jours.

Après avoir dégusté le gâteau, Célestine se lève et se dirige vers le salon. Elle semble chercher quelque chose dans le placard. Mon cœur s'accélère : la surprise arrive. J'observe Théo qui lui, semble intrigué par les remue-ménage de sa grand-mère et l'œil malicieux qu'elle a posé sur lui en partant. Il me regarde d'un air interrogatif, mais je ne peux rien répondre, car je ne sais rien de plus.

Célestine revient avec une boîte et des feuilles de couleur. Je me souviens de ce moment dans la papeterie où elle les a achetées, j'avais même pensé, vu ses demandes interminables au vendeur, qu'elle allait acheter toutes les feuilles possibles du magasin. Elle voulait différentes couleurs avec des tons plus ou moins pastel. Je ne comprenais pas bien sa demande. C'est maintenant le moment où je vais savoir pourquoi elle demandait autant de détails. Sa boîte est de toutes les couleurs, très vives, à l'inverse de ses feuilles. Son sourire illumine son visage et il est contagieux. Je ressens l'envie pressante de connaitre la suite, comme quand j'attendais le père Noël petite, et surtout j'ai hâte de découvrir ce qui se cache dans cette boîte.

— Voilà les enfants, des feuilles et une boîte.

— Oui Mamie, et donc ?

— Eh bien vous voyez, j'ai découpé les feuilles et vous allez faire un petit jeu.

— Nous vous écoutons Célestine, j'ai hâte de savoir ce que vous nous avez préparé.

— Je reconnais bien là ton enthousiasme, Julia. Et toi Théo, tu es pressé de savoir ?

— Je ne sais pas, j'espère que c'est un jeu rigolo.

— Théo, voilà ton côté prudent et un peu rigide qui s'exprime !

En effet, Théo semble moins enthousiaste que moi de l'idée de sa grand-mère. Je le reconnais assez bien : lui, sa vie c'est travail, rigueur et horaire. Cela donne certainement un cadre, mais est-ce que cela ne nous empêche pas de nous faire vibrer au bout d'un moment ? Mais l'heure n'est pas à ce genre de questions. Je regarde Célestine, qui s'apprête à nous dévoiler le sujet de son jeu.

— Vous allez prendre une feuille de chaque couleur et un crayon. Puis, vous irez chacun de votre côté sur la table afin de ne pas avoir l'appréhension que l'autre ne lise vos écrits.

— Pourquoi ? Nous devons écrire, Mamie ?

— Eh bien oui, et pas n'importe quoi. Sur la feuille rose, vous allez écrire le rêve que vous aviez à huit ans.

— Houlà, c'est plus tout jeune Célestine.

— En effet Julia, cherche au plus profond de toi.

Joueuse, je l'écris, mais je vois Théo qui lui, ne semble pas content de chercher au plus profond de sa mémoire.

— Mamie, tu sais bien que ce n'est pas simple.

— Oui, je le sais. Je n'ai jamais dit que ce jeu allait être un moment agréable. Concentre-toi, tu vas trouver. Je me souviens très bien de ce rêve que tu avais à cet âge.

— Alors note-le, toi !

— Non, c'est à toi de le faire, de t'en rappeler.

Théo semble contrarié, il ne note rien. De mon côté c'est écrit et plié. Je montre mon rêve à Célestine, tout en ayant ma main en direction de la boîte. D'un hochement de tête, elle me signale que je peux déposer ma feuille. Le silence règne tout à coup. Je ressens la tension qui monte chez Théo. Il regarde vers le jardin : soit il va écrire quelque chose, soit il va partir. Je vois Célestine qui se force à sourire. Elle a préparé ce moment toute la semaine, j'espère qu'il ne va pas lui faire faux bond.

Puis, sans crier gare, il écrit vite, plie la feuille et la dépose dans la boîte. Je vois le visage de sa grand-mère qui s'apaise, comme une victoire pour elle. Ensuite, elle nous donne une feuille jaune sur laquelle nous devons noter le rêve de nos dix à quatorze ans. J'appréhende, car je sais que c'est la période à laquelle Théo a perdu ses parents. S'il bloque comme tout à l'heure, à dix-huit heures nous serons toujours là. Contre toute attente, il va vite, d'ailleurs il dépose la feuille avant moi dans la boîte. Célestine retrouve son sourire. Ensuite, nous recevons une feuille bleue pour la période de nos dix-huit ans et une verte pour celle de nos vingt ans.

Cet exercice m'a permis de replonger en arrière. Les deux dernières feuilles ne correspondent pas aux périodes de mon existence les plus joyeuses, mais grâce à ce moment, je m'aperçois que les rêves ne meurent jamais : c'est peut-être ce qui va me maintenir en vie. J'ai toujours rêvé d'un monde meilleur, d'une vie plus douce. Cela me transporte.

Une fois l'exercice fini, Célestine va ranger la boîte. Je regarde Théo, un peu étonnée : je pensais avoir une suite. Il semblerait que non. Célestine revient avec une boîte de chocolats qu'elle dépose sur la table, puis elle s'installe.

— Vous voudriez connaitre la suite ?

— Bien évidemment Célestine, annoncé-je.

— Vous la saurez vendredi prochain, même heure. En attendant, vous avez le droit de prendre deux feuilles de chaque couleur et de noter de nouvelles idées, si certaines ressurgissent. Je les mettrai avec les autres. Bien, ce n'est pas que je m'ennuie en votre compagnie, mais j'ai besoin d'aller me reposer un peu. Julia, ça ne te dérange pas de débarrasser ? Nous irons faire une petite balade après ma sieste.

— Allez-y, je m'en occupe.

— À ce soir Théo.

— Oui Mamie, à ce soir, repose-toi bien.

13

Théo

Je quitte ma grand-mère pour rejoindre mon bureau, avec une certaine déception. Je pensais passer mon après-midi avec elles. Il semblerait que je ne sois pas au programme. Je décide alors de prendre ma voiture et d'aller faire un peu les boutiques en ville. Je ne suis pas un grand adepte de ce genre de choses, mais j'ai besoin de vêtements. L'exercice de Célestine m'a rappelé la photo, c'est l'occasion de voir ce qui se fait de mieux de nos jours. Depuis quelques années, j'ai décroché, je suppose que la technologie, elle, n'a pas reculé.

Après ce moment à flâner, je rejoins l'hôtel. Vu qu'il n'est pas trop tard, je vais faire quelques dossiers rapides. Ce sera clos ainsi. Puis, je ferai une petite visite à Célestine afin de prendre une feuille et d'y noter un rêve enfoui et réapparu comme par enchantement.

— Coucou Mamie, comment s'est passé ton après-midi ?

— Très bien, nous sommes allées faire une grande marche, j'en peux plus. Je vais me reposer un peu les deux jours à venir.

— Eh oui, ta Julia n'est pas là. Si tu sens que ses activités te fatiguent trop, dis-lui.

— Ah non ! Je suis juste un peu fatiguée d'avoir bougé, ce n'est pas une fatigue malsaine. Et puis Julia me freine, si cela peut te rassurer.

— C'est toi qui sais de toute façon. Je rentre chez moi, mais avant je souhaiterais prendre une feuille jaune.

— Avec plaisir, je suis ravie de voir que ta mémoire est intacte. La suite vendredi prochain, à midi. C'est bon pour toi ?

— Évidemment, je serai au rendez-vous. Passe une bonne soirée.

— Merci, toi aussi, et repose-toi un peu ce week-end.

— Je vais essayer, promis. Bisous.

Je n'ai pas vu le temps défiler cette semaine. Le quinze août va vite arriver, signe que le plus dur de la saison sera terminé. Nous allons pouvoir tous souffler et retrouver un rythme de vie un peu plus reposant, et ce, jusqu'à Noël. Je suis heureux de voir que cet établissement a toujours autant de succès.

Je n'ai pas beaucoup croisé Julia cette semaine. À chaque fois que j'allais voir ma grand-mère, soit elle n'était pas encore arrivée, soit elle était déjà repartie. Je m'étonne de penser à elle. Je dois avouer que sa fraîcheur est un rayon de soleil. Je sens bien qu'elle est moins à l'aise avec moi qu'avec les autres. Pourtant, j'essaye de faire des efforts. Mon statut de patron doit sans doute la laisser sur la réserve.

— Bonjour les filles.

— Bonjour Théo, comment vas-tu mon grand ?

— Bien, je suis content de venir partager le repas avec vous ce midi.

— Super, Julia a fait un poulet rôti et j'ai préparé de la salade ainsi que tes pommes de terre préférées.

— Parfait, merci pour cette attention. Cela va me rappeler mon enfance. D'ailleurs, c'est aujourd'hui que le jeu commence ?

— En effet. Allez, venez à table. Après le dessert, je vous expliquerai les règles.

Le repas se passe dans la bonne humeur ; Julia raconte un peu sa semaine et des anecdotes avec Célestine, qui en effet ne manque jamais d'imagination. Je n'ose pas l'interroger sur sa vie privée, elle semble vouloir rester discrète là-dessus. De mon côté, à part le sujet travail, je n'ai pas grand-chose pour épater la galerie.

— Bien, les enfants, voici les règles de mon jeu.

— Nous vous écoutons Célestine, annonce Julia.

— Vous avez chacun mis vos rêves d'enfant dans cette boîte. Vous allez maintenant tirer un papier au hasard. Bien évidemment, si c'est le vôtre, vous le remettez dans la boîte.

— Donc je tire au hasard un rêve pour Julia. En revanche, si je vois mon écriture je le replonge dans la boîte?

— Oui, c'est bien ça la règle. De plus, c'est parfait car vous avez chacun rajouté des tickets toute la semaine. Donc vous allez avoir le choix. Pour commencer, vous allez prendre les tickets des huit ans.

— Vas-y Julia, dis-je.

— Attendez, je n'ai pas fini la règle. Vous lisez ce qu'il y a d'écrit, mais vous ne dites rien à l'autre.

— Ah bon, pourquoi ? demandé-je.

— C'est très simple : Théo, tu vas choisir pour Julia, et c'est toi qui vas devoir réaliser son rêve et vice versa.

À ce moment-là, je comprends mieux l'enthousiasme de ma grand-mère. Le but n'était pas de réveiller ma mémoire, mais de nous réunir afin que chacun oblige l'autre à réaliser ce qu'il souhaitait enfant. Cela me bloque un peu, d'autant plus quand je repense à ce que j'ai noté : il y a des choses qui ne vont pas être simples pour elle. Et connaissant un peu la vedette qui se trouve en face de moi, j'ai comme un doute sur la suite des évènements !

14

Julia

Je ne m'attendais pas à ça. Je ne sais pas ce que Théo a noté, mais en ce qui me concerne, il y a des rêves qui sont irréalisables à mon âge. Et vu l'humour de monsieur, je doute que le jeu de Célestine lui donne satisfaction pour atteindre son but. En effet, par la force des choses, je me suis confiée à elle au sujet de mon enfance et de mon adolescence, mais j'étais à des années-lumière d'imaginer qu'elle soit capable de monter un scénario pareil. Laissons-nous vivre, je verrai bien où tout cela nous mènera. Parfois, nous pouvons être surpris de la tournure des évènements.

Je regarde sur la feuille ce que Théo a noté : avoir un chien. Cela me semble assez facile à réaliser. Toutefois, est-ce qu'il a toujours ce rêve ? Vu le maniaque de service que c'est et la vie qu'il mène, cet animal ne risque pas d'être heureux avec lui. Il va tout de même falloir prendre la température avant, car là nous parlons d'acquérir un être vivant et pas une plante. Je vais faire le point avec Célestine tout à l'heure.

J'observe Théo qui a un sourire en coin en lisant mon rêve, ouh là là, je stresse. J'espère qu'il n'est pas tombé sur « acheter la poupée avec sa robe de princesse et son cheval arc en ciel ». En même temps, si c'est bien ce rêve-là, il ne va pas trop se fatiguer. Et de mon côté, je pourrai offrir la poupée à la fille de Stéphanie.

Une fois le café terminé, je commence à débarrasser la table. Pendant la sieste de Célestine, j'irai faire le tour de la propriété pour voir si le chien pourra être heureux ici. Je pense que oui au vu de la surface. L'idée de réaliser ce rêve pour Théo m'enchante. De plus, ce chien lui offrirait de la compagnie ; sa solitude me fait de la peine. Je me doute qu'un animal ne compense pas tout, mais il est une présence.

Pendant que Célestine se reposait, Théo a reçu un appel pour une urgence en cuisine. Il est donc parti un peu déçu de ne pas passer le reste de l'après-midi avec nous.

J'entends le pas de Célestine arriver ; je lui annonce que Théo a eu un impératif. Elle ne semble pas surprise, néanmoins son visage laisse passer une certaine tristesse. Elle avait sans doute aussi espéré passer l'après-midi avec lui. J'ose changer de sujet pour éviter de la froisser encore plus.

— Célestine, vous êtes bien reposée ?

— Oui, Julia. Nous allons nous promener au bord de la mer ?

— Avec plaisir, je vais chercher la voiture.

Une fois la voiture garée en position pour partir, je vois Célestine qui arrive d'un pas alerte. Elle a retrouvé une bonne mine. Depuis mon arrivée, je la trouve chaque jour de plus en plus rayonnante et j'aime être avec elle. Sa compagnie est agréable. Nous arrivons sur notre plage fétiche et nous prenons le même escalier pour rejoindre le bord de mer.

— Alors Julia, quel rêve as-tu tiré pour Théo ?

— Avoir un chien !

— C'est merveilleux. Je suis contente qu'il ne l'ait pas oublié. Je voulais lui offrir ce chien quand il était jeune, mais ses parents ne voulaient pas en entendre parler. Théo était fils unique, et j'ai toujours pensé que la compagnie d'un animal l'aurait aidé à supporter cette solitude.

— Pourtant, souvent l'enfant unique trouve un certain confort à ne pas avoir de frères et sœurs.

— Théo, lui, avait du mal, car ses parents sortaient beaucoup et travaillaient trop, donc il était ballotté entre la nounou, des baby-sitters et moi. L'envie d'un chien, c'était comme avoir un repère fixe.

— Pourquoi il ne l'a pas eu plus tard, quand il a vécu chez vous ?

— C'est mon mari qui était contre. Il ne voulait pas que le jour où le chien viendrait à disparaître, Théo ait le sentiment de revivre la perte de ses parents. Comme j'étais assez soumise à mon mari, je ne m'y suis pas opposée et j'ai eu tort avec le recul.

— Alors je dois réaliser le rêve sans lui demander ; s'il n'est pas d'accord, je fais quoi ?

— C'est le principe du jeu. Et je te rappelle que c'est lui qui l'a écrit.

— Euh, excusez-moi, vous n'aviez pas été très claire dans vos explications !

— Eh bien tant pis. Je vais te donner une enveloppe avec une somme d'argent afin de payer le chien, le panier, les croquettes et la laisse.

— Mais, vous êtes sérieuse ? Et si Théo refuse de prendre le chien, j'en fais quoi ? Mon appartement est bien trop petit pour accueillir un animal. Et s'il l'emmène à la fourrière, je m'en voudrai.

— Ne t'inquiète pas Julia, il va le prendre, il n'a pas le choix.

— Mais enfin Célestine, un chien ne s'impose pas !

— Alors prends-en un plus vieux, qui est propre, comme ça il n'aura pas l'éducation à faire.

— Et la race, il a une préférence ? Vu comment vous voyez les choses, autant dresser la liste complète. Ce n'est pas si simple de choisir un animal pour quelqu'un d'autre. Et puis, un chien ne se trouve pas à tous les coins de rue !

— Pour la race, je te laisse choisir, ton cœur saura celui qui est bon pour Théo.

Je commence à paniquer légèrement. Me voilà dans une situation bien délicate : entre la grand-mère qui veut absolument le chien et le petit-fils qui est fermé comme une huître, j'ai peur de me faire virer avec ces conneries !

De retour chez moi, je saute sur mon téléphone afin d'avoir l'avis de Mathilde. Une fois la situation exposée, elle m'annonce : « Super idée, rendez-vous demain à la SPA ! » Je suis surprise par cette réaction inattendue, c'est sans doute le signe que je ne peux plus faire marche arrière. Me connaissant et parce que j'aime les animaux, je ne vais pas pouvoir repartir de ce lieu sans prendre un chien. Je ne sais toujours pas si c'est une bonne idée, le stress monte.

Après la visite du refuge avec Mathilde et une personne en charge de s'occuper des animaux présents, je craque sur une petite chienne cocker. Elle a des yeux magnifiques, mais avant de valider son adoption, je souhaite m'entretenir avec Célestine. Étant donné que nous sommes samedi, elle doit être chez elle et je décide de lui passer un coup de téléphone. Ma présence à son domicile pourrait être suspecte, car c'est mon jour de congé.

— Allo ?

— Bonjour Célestine, c'est Julia. Vous allez bien ?

— Oui, même si je m'ennuie un peu en ton absence. Cela étant, tu as aussi le droit de vaquer à tes occupations.

— Pour tout vous dire, je suis dans un refuge et j'ai craqué sur une petite cocker qui s'appelle Molly.

— Super nouvelle, je suis heureuse de l'apprendre. Alors je suppose que tu veux savoir comment organiser la suite ?

— En effet, nous sommes samedi et en toute franchise, c'est délicat pour moi de la garder dans mon appartement.

— Alors, le plus simple serait que tu demandes s'ils peuvent la garder jusqu'à lundi après-midi. Nous irons ensemble la chercher, puis je dirai à Théo de venir nous rejoindre à dix-huit heures chez moi. Comme ça, je m'occupe des présentations.

— Enfin le problème, c'est que s'il ne la veut pas, je ne me vois pas la ramener ici.

— Bien sûr qu'il va la vouloir, et s'il nous fait une colère sans nom, je la garderai avec moi. Elle m'offrira de la compagnie. Donc ne te tracasse pas avec ça. Et dis-lui à cette petite Molly, que lundi elle aura un nouveau foyer.

— Entendu, je vois avec la personne pour les modalités.

— C'est parfait, merci Julia. Ça va égayer tout mon week-end de savoir qu'il y aura une nouvelle venue dans la famille. Si tu peux, prends quelques photos que je voie sa bouille dès lundi matin.

— Entendu, je vais la mitrailler avec mon portable. Passez une bonne fin de journée.

— Oui, toi aussi et merci beaucoup.

Nous voilà lundi, c'est le grand jour, je suis tout excitée à l'idée de présenter Molly à Théo et Célestine. Même si j'appréhende la réaction de Théo, le fait de savoir que je n'aurai pas à la ramener au refuge me soulage d'un poids. Et si rien n'est possible, Mathilde veut bien être le plan C. Donc tout va bien concernant cette petite chienne.

Après le repas et sa sieste, Célestine décide d'aller dans un magasin afin de faire les achats nécessaires pour l'accueil de la chienne. Rien n'est trop beau, cette mamie se régale et essaye de ne rien oublier. Même des jouets remplissent le caddie car oui, un panier ce n'est pas suffisant. Quand Célestine a vu Molly en photo, j'ai vu ses yeux briller. Je me demande maintenant qui de Théo ou de sa grand-mère va adopter la chienne ce soir !

Nous arrivons au refuge. Célestine me précède, fière comme une petite fille de huit ans. Sa rencontre avec Molly est une évidence. Cette chienne sait déjà que Célestine va passer une bonne partie de sa vie avec elle. Après notre discussion avec la gardienne des lieux sur l'histoire de Molly, nous voilà en route pour la maison. Mon stress est à son comble, même respirer devient difficile. Ma passagère, elle, ne cesse de tourner la tête pour regarder cette merveille de chien, qui d'entrée de jeu a eu le droit d'aller sur les sièges à l'arrière ! Pour mes deux copilotes, cela semble complètement normal, sauf qu'en pensant à la passion que Théo a pour sa voiture, je crains que ce ne soit qu'une exclusivité en ce jour !

15

Théo

Ma grand-mère m'a demandé de la rejoindre à dix-huit heures chez elle, avec une voix qui me fait penser qu'elle a préparé quelque chose d'inattendu. En plus avec son jeu, j'imagine tous les scénarios possibles. Maintenant qu'elle a Julia et depuis qu'elle a retrouvé sa joie de vivre, tout est envisageable.

Me voici arrivé à destination. Je pénètre dans le hall de sa maison, d'où j'entends sa voix et celle de Julia : le ton semble être à la bonne humeur. Je me sens apaisé tout à coup. Lorsque j'entre dans le salon, mes yeux tombent sur un panier à même le sol, des jouets qui ne sont pas destinés à des enfants et ma grand-mère confortablement installée avec un chien dans les bras. À ce moment-là, je saisis l'invitation. J'avais, comme un idiot, noté que quand j'étais jeune je souhaitais un chien. Mais ça c'était avant. Je n'ose pas imaginer la suite. Je m'approche afin de comprendre qui est ce chien, et surtout, ce qu'il fait ici !

— Bonjour Mamie, bonjour Julia. Et bonjour le chien !

— Entre Théo, je te présente Molly, ta nouvelle chienne, m'annonce ma grand-mère.

— Comment ça, ma nouvelle chienne ?

— Julia est tombée sur ce vœu, donc nous revenons du refuge et nous t'avons ramené Molly.

— J'espère que c'est une plaisanterie.

— Ah non, pas du tout.

Au même moment, je croise le regard de Julia qui est prise entre l'envie de fuir et celle de rire. Clairement, je n'ai de mon côté ni envie de rire ni envie de ce chien. Ma grand-mère dépose Molly au sol et la chienne vient se mettre dans mes jambes. Je me baisse en douceur pour la caresser. Et là, je ne sais pas ce qu'il se passe, j'ose la prendre dans mes bras. Je ressens comme une tension qui s'apaise dans cette pièce.

— Elle est belle Théo, me dit Julia.

— Oui, et elle est douce en plus.

— Elle a l'air heureuse de vous rencontrer.

— Peut-être, mais je ne vais pas pouvoir la garder.

— Ce n'est pas grave, Célestine veut bien l'adopter si ce n'est pas possible pour vous.

C'est à ce moment-là que je comprends que je n'ai pas le choix ; de toute façon, Molly ne retournera pas d'où elle vient. Sauf que dans un hôtel et un restaurant, un chien et l'hygiène ne font pas bon ménage. Après si elle reste ici, alors pourquoi pas. Elle sera sa chienne et non pas la mienne.

— C’est d’accord, sauf que c’est ta chienne, Mamie.

— Non, c’est ton vœu, pas le mien.

— Mamie arrête, j’avais dix ans quand j’ai formulé cette demande. Depuis, j’ai oublié et ça ne me manque pas.

— Tu n’as pas oublié puisque tu l’as écrit. Voici ce que je te propose : elle reste avec nous la journée et tu la récupères le soir et tes jours de congé. Comme ça, elle nous tient compagnie à toi et à moi. Cela te convient ?

— Je ne sais pas, si elle pisse partout dans mon appartement.

— Elle a quatre ans, elle est propre.

— Nous faisons un essai ce soir, si elle pleure et fait des bêtises, elle retourne d’où elle vient.

— Il n’est pas possible qu’elle retourne d’où elle vient.

— Ah bon et pourquoi ?

— Car cette chienne a un peu la même histoire que la tienne.

Au son de la voix de ma grand-mère, je comprends que ce qu’elle va m’annoncer, et devant Julia, va remuer une période de ma vie qui n’est pas la plus simple. Mais pour la première fois, je ne souhaite pas faire demi-tour car Molly est là, et elle me regarde comme si elle souhaitait que l’on connaisse chacun notre fragilité. Je décide donc de m’assoir au bord du fauteuil, les épaules en avant, et d’écouter l'histoire de ma chienne afin de mieux la connaitre.

— Molly a toujours vécu dans une famille aimante, elle avait un beau jardin pour se défouler, vivait la journée et la nuit dans la maison de ses maitres. C'était un chiot quand elle a été accueillie et elle était attendue avec impatience. Elle accompagnait ses maitres à chacun de leurs déplacements ou à chaque période de vacances. Un jour, sa maitresse a eu un rendez-vous chez un médecin spécialiste. Son mari et elle sont partis sans Molly, puisque les chiens ne sont pas tolérés dans une clinique. Molly est restée à la maison, chose dont elle avait l'habitude, car pour les courses et autres rendez-vous, elle était mieux dans son foyer qu'à attendre dans la voiture. Sauf que ses maitres ne sont jamais rentrés. Ils ont eu un grave accident et ils sont morts tous les deux. Comme ils avaient des enfants adultes, la chienne est partie vivre chez leur fille, mais son conjoint ne supportait pas Molly. La jeune femme a donc fait le choix de s'en séparer. C'est comme ça qu'elle est arrivée au refuge, il y a une quinzaine de jours.

— En effet, son histoire et la mienne sont similaires. Julia, vous l'avez choisie pour cette raison ?

— Non, pas du tout Théo, je ne connaissais pas la totalité de son histoire, je la découvre. Célestine m'a dit d'écouter mon cœur pour vous choisir un chien. Différentes options étaient possibles, dont celle de vous acheter un chiot tout neuf !

— C'est étrange quand même !

— Tu sais Théo, la vie, ce sont aussi des rencontres qui façonnent notre existence, ajoute Célestine.

Je prends le temps de digérer ce qui vient d'être dit. Je ressens une profonde tristesse, car Molly a vécu la perte de ses maitres, comme moi celle de mes parents. Sans crier gare, nous nous retrouvons seuls, abandonnés, et tout bascule. En revanche, je me rends compte de la chance que j'ai eue d'avoir mes grands-parents, qui m'ont recueilli. Molly n'a pas eu cette possibilité. Comme elle, j'aurais pu aller dans un foyer ou dans une famille d'accueil qui aurait peut-être changé régulièrement. Je regarde cette boule de poils, et l'envie de la garder avec moi est tellement puissante qu'en effet, je ne vais pas la ramener d'où elle vient.

Et puis, en y réfléchissant, avec nous trois elle ne sera jamais seule. Elle aura une vraie famille, avec une Julia un peu spéciale ! Pour la première fois, je vois en cette femme une belle personne, pleine de sensibilité. Sa folie a disparu et elle m'aide à être plus à l'aise à son contact. À mon tour, j'ai hâte de lui offrir son rêve de petite fille, qui était de faire du poney. Je sens que je vais bien m'amuser, surtout si elle n'en a jamais fait : un grand moment nous attend.

16

Julia

La semaine se passe en douceur ; avec l'arrivée de Molly, certaines choses ont changé. Désormais, le matin, c'est promenade pour nous trois après que Théo est venu la déposer. Puis l'après-midi, pendant la sieste de Célestine, je vais avec Molly faire le tour de l'hôtel. Théo, lui, passe plus tôt dans la journée pour la voir ; on dirait un jeune enfant qui souhaite jouer le plus possible avec son cadeau. Le soir, lorsque je repars, elle reste avec Célestine, et Théo passe après son travail la récupérer.

Célestine semble heureuse de voir son petit-fils plus joyeux et s'occupant réellement de « quelqu'un ». Parfois, je pense qu'elle est dure avec lui ; il se donne beaucoup pour les autres et il est toujours disponible pour ses salariés et ses clients. Mais elle n'est pas de cet avis, car pour elle, il donne par obligation et non pas avec le cœur. Je ne vois pas trop la différence, mais cela semble capital aux yeux de Célestine, qui me répond :

— Toi Julia, tu donnes avec ton cœur et ta spontanéité. Tu ne réfléchis pas, tu offres et donc tu reçois. Théo, lui, donne parce que son métier l'oblige à le faire. Pose-lui la question, il te répondra : « C'est mon job. » Donc en retour, il ne reçoit que de la solitude, car son cœur ne fonctionne pas ou très peu. Le principe de donner et de recevoir.

— Enfin, vous êtes dure avec lui. Des personnes qui ne donnent rien, il y en a à tous les coins de rue, c'est leur sport favori d'embêter les autres !

— Et ils ont quoi en retour ?

— Je ne sais pas, je les fuis les individus comme ça. Ou du moins par chance, je ne les côtoie pas.

— Donner et recevoir, c'est comme une bouteille d'eau. Imagine : chaque fois que tu reçois, ta bouteille se remplit. À un moment donné elle déborde, donc tu vas devoir la vider en donnant aux autres, pour la remplir de nouveau.

— Oui…

— Cependant, si tu ne la remplis jamais, elle est à sec, c'est comme ton cœur. Surtout, ne jamais se dire que c'est untel qui m'a donné, donc je vais lui rendre en retour.

— Je ne vois toujours pas bien ce que vous voulez me transmettre.

— Le pommier, lui, il donne des pommes pour qui ?

— Pour nous les humains, et les animaux.

— Il s'en fiche de qui va manger la pomme, même si ce sont les vers. En retour, le soleil et la pluie lui livrent ce dont il a besoin afin qu'il continue de donner de belles pommes.

— En effet, vu comme ça. Donc pour vous, Théo ne donne pas avec son cœur ?

— Oui, et il ne reçoit rien. Il a juste un compte en banque qui en ferait pâlir beaucoup, mais cela ne le rend pas heureux. Là il va être obligé de donner de l'attention et de l'amour à Molly, qui va le lui rendre en retour. Je pense que cette petite chienne va lui réapprendre ce principe.

— Je le souhaite aussi, car plus je fréquente Théo, plus je me dis que finalement avec son air hautain, il ne semble pas si heureux que ça.

— Tu l'as bien cerné. Et puis, la vie ne lui a certes pas fait de cadeau, mais il se doit de l'honorer correctement, il doit apprendre à avancer avec cette faille pour la transformer en force. C'est ma dernière mission sur cette terre : voir Théo enfin vivant.

Vendredi midi arrive vite : la matinée a défilé. Je me souviens qu'aujourd'hui, c'est l'annonce de mon souhait, celui que Théo doit réaliser. Comme une petite fille, j'ai mis le plus de tickets possible sauf que je ne me souviens pas de tout. J'espère qu'il n'est pas tombé sur quelque chose d'improbable pour mon âge. Il y a en effet des événements sympas quand nous avons dix ans, mais un peu moins quand les vingt-cinq ans sont déjà passés !

En voyant Molly qui remue énergiquement la queue, je me doute que son maitre est proche de la maison. Comme le temps est un peu gris aujourd'hui, nous mangeons dans le salon. Hors de question le vendredi d'aller dans la cuisine : un nouveau principe de Célestine. J'obéis à la cheffe ; pour elle, ce moment est une fête entre trouver un menu différent, aller faire le marché et préparer le repas. Elle aime faire plaisir. C'est une impression très agréable.

Une fois le repas fini, je pars chercher le café. En revenant, je vois plein de malice sur les visages de Célestine et de Théo. Cette expression leur est très familière. Je me doute que l'heure de vérité arrive. Je prends le temps de servir chacun et je m'assois en attendant le verdict. Mon cœur s'emballe, mon stress monte. Le jeu de Célestine n'est finalement pas si rigolo que ça, surtout quand c'est son propre tour.

— Alors Julia, prête à savoir quel rêve vous allez réaliser ? m'annonce Théo.

— Oui, je vous écoute. Mais en voyant vos sourires, j'ai un peu peur.

— N'ayez crainte, tout est organisé avec le meilleur des professeurs.

— Ah…

— Vous aviez noté : « faire du poney ».

— Ce n'est pas possible ! Je suis tellement contente que vous ayez tiré ce souhait.

À l'annonce de ce rêve, je me lève, je vais embrasser Théo et lui dire merci. Puis je fais un gros câlin à Célestine. Ils ne semblent pas habitués à ce type de démonstration. Je prends ensuite Molly dans mes bras et je tourne sur moi-même en criant : « C'est trop bien, Molly ! Je vais monter sur un poney ! »

— Julia, vous n'avez plus neuf ans, me dit Théo.

— Non, mince, donc vous ne pouvez pas réaliser ce rêve ? demandé-je toute triste.

— Si, mais vous allez le faire sur un cheval, ce sera plus adapté à votre taille.

— Ah, oui en effet, maintenant que tu le dis. Désolée, je vous ai tutoyé.

— C'est parfait, continue comme ça. Ça me rend moins âgé !

— Alors, c'est quoi la suite ?

Je suis impatiente de connaitre le jour de ma séance. De plus, Théo a précisé que j'aurai un bon professeur. Donc il a certainement déjà pris rendez-vous.

— Alors pour la suite, eh bien nous allons d'abord débarrasser la table. Puis tu vas aller dans la salle de bains : tu y trouveras une culotte d'équitation, car les robes à cheval, ce n'est pas ce qu'il y a de plus pratique.

— J'ai eu comme un doute quand tu as dit « culotte d'équitation » !

— Pantalon, si tu préfères. Nous partons dans une heure au centre équestre de Saint-Malo. Olivier t'attend pour te donner un cours particulier.

— Merci mille fois à tous les deux. C'était un rêve de petite fille. Quand je demandais juste un tour de poney, mon père me disait : « C'est pour les riches ce sport, et nous sommes pauvres, oublie cette idée, Julia. »

— Me voilà heureuse de savoir que tu vas réaliser ce rêve et je vais assister à cette première, annonce Célestine, tout en me prenant la main.

— Merci à vous pour cette idée de jeu.

— Bien, les jeunes, je vais me reposer, je vous laisse ranger. Théo, dans une heure, tu viens avec ta voiture pour être notre chauffeur.

— Entendu Mamie, je ne bouge pas d'ici. Je vais aller promener Molly en attendant.

17

Théo

Après avoir aidé Julia à débarrasser, je pars avec Molly faire le tour de l'étang. Finalement, cette idée de prendre mon vendredi après-midi me fait du bien. Je repense à ce que Julia a dit sur son père. Je n'ai jamais connu cette situation, et ce pour deux raisons. D'abord, quand mon père est parti, j'étais trop jeune. Ensuite, il n'était pas pauvre et mes grands-parents non plus. Je ne sais pas ce que c'est que de ne pas pouvoir rêver à ce sport, d'autant plus que j'ai eu la chance de le pratiquer pendant mon adolescence. J'aimais bien ce contact avec l'animal, même si j'étais un peu moins câlin que les filles. La sensation sur un cheval, c'est quelque chose que nous ne pouvons éprouver nulle part ailleurs. Je me sens heureux de voir Julia contente, ça me fait du bien de lui faire plaisir. Nous étions partis sur de mauvaises bases : je l'avais jugée d'après son look, son rire trop fort, sa chevelure rousse qui ne passe pas inaperçue et ses cheveux longs que je déteste, qui en plus ne sont pas attachés quand elle va en cuisine. Je n'ai jamais osé le lui dire d'ailleurs. J'avais une certaine retenue, car elle était tellement idéale pour ma grand-mère. Elle me fait prendre conscience que je juge mal les gens : je reste sur des détails qui finalement n'ont pas une importance capitale.

Quand elle a osé me tutoyer, avant de se reprendre aussitôt, j'ai eu un peu honte ; je ne sais pas comment elle me voit, mais je sens bien qu'elle n'est pas encore à l'aise en ma présence. Je suis obligé d'admettre que c'est uniquement de ma faute, à cause de mes préjugés et de mon comportement. Cependant, j'essaye de faire des efforts, même si ce n'est pas dans ma personnalité d'être enthousiaste comme elle. Quand je l'ai vue se lever de joie et l'exprimer autant, je me sentais un peu gêné ; je ne saurais pas faire aussi bien qu'elle pour extérioriser mes ressentis devant tout le monde je crois.

Nous voilà tous les trois partis pour la séance de Julia. Voir cette dernière avec un pantalon d'équitation est assez perturbant. Elle a pris soin d'attacher ses cheveux. Je la regarde du coin de l'œil dans mon rétro. Elle paraît un peu angoissée. Elle n'a jamais eu l'occasion de monter sur un cheval, alors j'imagine qu'elle doit se poser des questions et craindre la chute. Théoriquement, ça ne devrait pas arriver : j'ai briefé Olivier, que je connais depuis longtemps puisque nous avons pratiqué ce sport ensemble lorsque nous étions adolescents. Lui a fait le choix d'en faire son métier et cela ne me surprend pas : à l'époque, c'était déjà un vrai passionné et un très bon compétiteur dans sa discipline. Après avoir validé ses diplômes, il est parti travailler aux quatre coins de la France, mais l'appel de la Bretagne a été plus fort. Puis il a pu racheter notre club d'enfance. Je crois que c'était déjà son rêve à seize ans.

Nous arrivons au centre équestre ; la cavalière du jour semble moins faire la maligne que d'habitude. Cela me fait rire intérieurement. Célestine, elle, est déjà partie à la rencontre d'Olivier et ils ont l'air heureux de se retrouver. Je fais de même pour le saluer. Après les présentations entre Olivier et Julia, nous allons aux écuries. Aujourd'hui, pour cette première, c'est Nuage qui sera la monture de Julia.

— J'espère qu'il ne va pas m'emmener dans les nuages, dit Julia.

Pour le coup, je ris franchement : je ne m'attendais pas à ce type de remarque, c'est du tout Julia ! Olivier la rassure, car Nuage est un petit cheval qui a l'habitude des débutants. Il est gris avec un joli toupet qui descend assez bas. Il semble calme et nous offre directement son hospitalité. Après que nous l'avons brossé et sellé, nous nous dirigeons vers le manège. La chevelure rousse de Julia dépasse de la bombe, elle a tout de même de la classe dans cette tenue, je n'avais jamais fait attention au fait qu'elle dégage une féminité naturelle.

Olivier l'aide à monter et lui explique les rudiments de départ. Je suis en compagnie de ma grand-mère dans la tribune pour admirer la séance. Molly s'est couchée à mes pieds avec l'ordre d'être sage afin de ne pas faire peur à Nuage. Si Julia tombait par la faute de ma chienne, je me sentirais responsable. Après plusieurs minutes au pas et une fois la direction acquise, Olivier met une grande longe pour tenir Nuage et apprendre à Julia le trot enlevé, ce qu'elle ne sait pas encore pratiquer. Sa chance est qu'elle est sportive et elle a de la tonicité, elle devrait y arriver rapidement. D'ailleurs après trois tours, elle a déjà trouvé le rythme. Je suis surpris par la vitesse à laquelle elle a réussi. Son rêve se réalise et en plus elle est douée.

Tout sourire, Célestine admire la cavalière ; cela doit lui rappeler des souvenirs, lorsqu'elle venait avec moi pour voir les séances et les concours. Elle n'est jamais montée à cheval, car elle se pensait trop âgée pour débuter en même temps que moi ; je pense, en la voyant, que ce sera l'un de ses regrets. Elle est passionnée par les animaux : ce sport lui aurait certainement plu. Mais à son âge, en l'occurrence, c'est impossible, je craindrais trop qu'elle ne tombe.

La séance terminée, nous raccompagnons Nuage tous ensemble. Pendant que Julia lui fait ses soins, je pars à la voiture chercher le kilo de carottes pour le remercier d'avoir pris soin d'elle. C'était une habitude que j'avais cavalier et je ne l'ai pas oubliée. Le chef de cuisine a un peu râlé quand il m'a vu prendre autant de carottes pour un cheval ! Julia se charge de donner sa récompense à Nuage. Pendant ce temps, je vais voir Olivier afin de lui demander s'il serait d'accord pour prendre Julia sur une dizaine de cours, afin qu'elle soit capable d'aller faire une petite balade tranquille à la plage.

— Oui, certainement. Est-ce que tous les vendredis sur ce créneau c'est possible ?

— Oui, ce serait parfait. Et dès que tu la sentiras capable, nous pourrions aller ensemble à la plage.

— Avec plaisir. Tu remontes ?

— Non, mais il paraît que ça ne s'oublie pas.

— En effet. En revanche, prévoir une séance avec Julia dans le manège pour remettre tes muscles en route serait peut-être une bonne idée.

— Riche idée, je dirais même. Dès que tu sens qu'elle est plus autonome, je l'accompagnerai.

En allant retrouver les filles, je me sens heureux d'annoncer la nouvelle à Julia. L'automne arrive à grands pas, j'espère que mon idée va tout de même lui faire plaisir.

— C'est bon Julia, Nuage est tout propre ? demandé-je.

— Oui, il a bien séché.

— Je viens de t'inscrire à dix cours pour les vendredis à venir, afin que tu progresses.

À voir le visage de Julia se remplir de larmes, je me sens idiot. J'aurais peut-être dû l'avertir avant. Célestine pose sa main sur son épaule et lui glisse : « C'est super Julia, voilà un joli programme en perspective. » Puis, sans que je m'en rende compte, elle me saute dans les bras et me serre tout en disant : « Merci Théo, je ne sais pas quoi dire. »

Nous reprenons la route. La séance fut riche en émotions. Quand je regarde dans mon rétro, je vois l'amazone beaucoup plus détendue, les yeux tournés vers le paysage qui défile. Elle ne parle plus : c'est étrange pour la pipelette, ce qui inquiète Célestine.

— Alors ma Julia, tu as perdu ta langue ?

— Non Célestine, je suis tellement heureuse, je revis les sensations. C'était magique. Et encore merci Théo. Mais je suis gênée de ce cadeau.

— Ne le sois pas, ça me fait plaisir.

— Le souci, c'est que vendredi je travaille. Célestine, comment allons-nous faire ?

— Eh bien, ce sera notre sortie à tous les trois avec Molly. Voilà un joli programme.

— Dans ce cas, déduisez mes heures, vous n'allez pas me payer en plus de financer les cours.

— Ah non, dit Théo. Célestine adore les chevaux, donc si je ne peux pas venir, tu t'occupes d'elle tout en te faisant plaisir. Elle n'est pas belle la vie !

En m'entendant, je ne comprends même pas comment un type comme moi a pu dire cela. Je vois l'échange de regards entre les filles, aussi surprises que moi certainement. Finalement, la vie n'est pas si moche !

18

Julia

De retour chez Célestine, je suis encore sur mon nuage, autant sur le vrai Nuage que dans la sensation. Je n'avais pas imaginé que c'était encore possible à mon âge. Mais comme me l'a expliqué Olivier, l'avantage de ce sport, c'est que l'on peut commencer quand nous le souhaitons et il n'y a pas de limite d'âge.

Je suis également très touchée que Théo m'ait offert dix séances, ce n'était pas au programme. Même si je me sens gênée de savoir qu'elles auront lieu sur mon temps de travail, je reste enthousiaste. Être aux côtés de Célestine me bouleverse, car personne ne s'est occupé de moi avec autant de tendresse. Elle est spontanée et pleine d'amour pour tout : aussi bien pour les fleurs de son jardin que pour son fauteuil. Rien qu'à la regarder être, je suis inspirée.

Depuis toujours, pour recevoir de l'amour il me fallait aller le chercher, prouver que j'étais digne de l'obtenir, et malgré tous ces efforts, je ne l'ai pas toujours reçu. Mon attitude devait y être pour quelque chose, mais je panique à l'idée de faire autrement. Je préfère que l'on me rejette avec douceur qu'avec fermeté. Lorsque je ne reçois rien, j'ai tendance à en faire encore plus pour que l'on me remarque. Mathilde, elle qui me connaît si bien, me trouve plus calme depuis que je suis chez Célestine, et je dois admettre que c'est vrai. Grâce à ce travail, j'ai enfin ce que je recherchais depuis longtemps : de l'attention, de la douceur, et surtout, plus de remarques blessantes. Sous mes airs de « je m'en fiche » se cache une petite fille sensible. C'est ma carapace qui me protège, et aujourd'hui je baisse la garde tout en douceur.

Après un peu de repos (car les courbatures ont eu raison de moi) et un week-end calme entouré de mes amis, me voilà de retour en ce lundi matin pour entamer une nouvelle semaine. C'est toujours un moment de joie : celui de retrouver Célestine, ainsi que Molly, et de connaitre le programme de la semaine dans sa globalité.

Passé nos habitudes matinales, Célestine m'annonce que je dois l'accompagner à un rendez-vous chez son cardiologue pour son contrôle. J'essaye d'en savoir un peu plus, mais elle ne me dit rien ! Pour Célestine tout va bien. Elle doit vouloir garder cela dans son jardin secret et je respecte ce choix. Sans crier gare, elle m'annonce :

— Tu sais Julia, les croyances sont plus fortes que le reste. Si je pense que tout va bien, que mon cœur est en pleine forme, il le sera.

— D’accord, mais vous savez comme moi qu’en vieillissant, l’organisme fatigue et peut créer des soucis de santé.

— Ce sont tes croyances, ma belle, pas les miennes. Tu as hérité d’un conditionnement. Quand j’ai compris cela, j’ai décidé d’oublier toutes les opinions qui m’avaient été inculquées par notre système. Tout va bien, je suis en pleine forme et mon âge est valable juste pour ma carte d’identité. Le reste, je ne veux pas y prêter attention.

— Avouez que ce n’est pas aussi simple.

— Pour moi, ça l’est. C’est que tu n’es pas encore prête, tu ne le seras peut-être jamais et c’est parfait. Chacun vit avec ses propres croyances. Cependant, je vérifie mon cœur car la vie m’a demandé de faire face à beaucoup de peines et d’absences, et je souhaite contrôler que ces dernières ne l’ont pas trop affaibli.

Je reste dubitative. Personne n’est éternel et les hôpitaux sont pleins de personnes malades. Or pour Célestine, c’est une histoire de croyance ! J’ai un sérieux doute. Mais je garde ça dans un coin de ma tête, nous aurons peut-être l’occasion d’en reparler. Pour le moment, je la laisse croire qu’elle a vingt ans et que son cœur va très bien. Cependant, sa remarque sur les peines qui ont touché son cœur est juste. En effet, enterrer un fils, j’imagine que c’est difficile de s’en relever. Cela me rappelle que selon le chagrin, nous employons l'expression « cela m'a brisé le cœur ». Je n'avais jamais fait le lien.

Le rendez-vous s'est bien passé et la fin de journée arrive : me voilà donc sur le départ. Au moment de saluer Célestine et de lui souhaiter une bonne soirée, j'ose lui demander :

— Quand avez-vous prévu que je choisisse un nouveau ticket pour Théo ? Vu le cadeau qu'il m'a fait, j'ai très envie de préparer le sien.

— Demain matin, si tu le souhaites. Selon ton tirage en effet, il te faudra un peu de temps pour la préparation.

— Ce n'est pas tant la préparation qui m'angoisse, ce sont plutôt mes finances. Votre petit-fils avait certainement déjà des goûts de luxe.

— Ne t'inquiète pas pour cela, je t'ai dit que c'était moi qui payais tout.

— Enfin Célestine, qui a payé mes cours d'équitation ?

— Et qui a eu la chance d'hériter de cet hôtel-restaurant qui lui offre un joli train de vie ?

— D'accord, j'ai compris. Je n'aurai pas gain de cause.

— Pas sur ce sujet. D'ailleurs, Théo est allé tout seul payer les séances. Il ne m'a rien demandé, c'est sa générosité et son cœur qui l'ont fait, donc ne sois pas gênée.

Je rentre chez moi. Les jours raccourcissent ; cette période qui annonce gentiment l'automne me rend casanière. Je décide que le programme sera un bon livre dans mon canapé et après, une grande nuit, afin d'être en forme pour demain.

Ce matin, j'arrive en avance et je décide d'aller chercher Molly dans le bureau de Théo. Toujours aussi matinal, il est planté devant son ordinateur et me regarde à peine. Il me salue à la va-vite et me souhaite une bonne journée, je fais de même puis je pars chez Célestine.

Quand j'ai fini de passer l'aspirateur, nous décidons d'aller promener un peu la chienne dans le parc. À cette époque, c'est plus calme, les touristes ne sont plus là, juste des personnes de passage qui ne restent pas la journée à flâner.

Notre repas terminé, Célestine me demande d'aller chercher la boîte à souhaits. Je file la trouver, impatiente de découvrir ce que demandait Théo petit. Je pense tout de même que je rentre dans son intimité. Mais il était au courant de la règle, il n'a certainement pas écrit de choses personnelles.

Me voilà installée, prête à tirer au sort. Par manque de chance, c'est un des miens qui me revient. Évidemment, j'ai le droit de recommencer. Puis en lisant le vœu, je me dis qu'en effet, j'aurais peut-être mieux fait de garder le mien finalement.

— Que t'arrive-t-il Julia ?

— Le rêve de fou !

— Comment ça ?

— Il rêve d'avoir une Lamborghini ! Rien que ça.

— Ah oui, je me souviens : ado, il était fan des belles voitures de sport.

— Et je fais comment pour réaliser ce rêve ? À moins que vous n'ayez des millions cachés sur un compte en Suisse, c'est mission impossible !

— Bien sûr que je n'ai pas de millions cachés en Suisse, et bien sûr que tu vas trouver une solution pour réaliser son rêve.

— Ah oui et comment ?

— Cherche, tu es maligne, tu vas trouver. De mon côté, je vais me reposer. Nous pourrons aller à la librairie après, si tu veux bien m'accompagner.

— Oui, avec plaisir. Eh bien voilà, je vais lui prendre un magazine avec ce genre de voitures pour sujet.

— Non, tu vas trouver plus original. À tout à l'heure.

Célestine me laisse en plan, avec ce rêve à réaliser entre les mains et que je ne sais comment offrir. En fait ce jeu est nul !

Après notre visite à la librairie, nous rentrons tranquillement. Célestine, devinant ma contrariété, me propose d'aller boire un thé dans son salon. Je vais à la cuisine préparer pour chacune une tasse d'eau fumante. Puis je la rejoins et m'installe face à elle.

— Tu sembles tristounette, ma Julia.

— En effet, le cadeau de Théo me tracasse. Sinon je peux lui prendre une maquette ?

— À mon avis, il attend quelque chose de plus rebondissant.

— Oui, mais là, je sèche. Quelle idée de mettre ça dans la boîte à rêves. Il doit bien se douter de la valeur.

— Cela étant, il l'a noté sans penser qu'il pouvait se réaliser. Parfois, il y a des rêves inaccessibles ou qui nous ont fait vibrer à un certain âge.

— Je n'ai pas le droit d'essayer de prendre un nouveau ticket ?

— Eh bien non. En revanche, je vais te donner la solution. Il rêve de conduire une Lamborghini. Toi tu as juste lu qu'il souhaitait cette voiture.

— Je ne vois pas bien la différence.

— Pourtant elle est évidente.

— Pour vous peut-être, mais pas pour moi.

— Regarde, près d'ici, il y a un circuit qui propose des baptêmes avec ce type de véhicule.

— Mais bien sûr, pourquoi je n'y ai pas pensé plus tôt !

— Car tu as bloqué sur l'argent. Si tu peux, organise un rendez-vous pour vendredi après-midi. Il sera le plus heureux des hommes.

— Parfait, je prends toutes les informations ce soir, puis je réserve demain avec vous.

— Oui, et regarde le forfait VIP. Fais les choses en grand, c'est moi qui régale.

En effet, Célestine a raison. Je prends le temps de relire le bulletin. Théo avait bien écrit : « Conduire une Lamborghini », me voilà rassurée. Je rentre chez moi en ayant retrouvé le sourire et je vais directement sur Internet chercher les informations pour ce moment de bonheur. En fait, ce jeu n'est pas si nul. J'ai hâte de voir la tête de Théo quand il va découvrir son cadeau.

Grâce à cette expérience, je me rends compte que faire plaisir à l'autre m'offre encore plus de joie que de recevoir. C'est vrai que dans ma famille, je n'ai pas beaucoup reçu, en plus je ne pouvais pas donner. Je devais toujours dire non aux goûters d'anniversaire de mes copines, en inventant des prétextes car mon père ne voulait pas dépenser d'argent pour des gamines que nous connaissions à peine. Et surtout, c'était une bonne excuse pour ne pas avoir à fêter le mien d'anniversaire ! Être aux côtés de Célestine m'offre aussi la possibilité de rouvrir de vieilles cicatrices. Or je me rends compte qu'elles sont encore douloureuses.

19

Théo

Cette première semaine de septembre est chargée : avec Pauline et le chef, nous devons établir les menus de Noël et du jour de l'An. À cette période de l'année, le restaurant et l'hôtel affichent complet. Nous avons mis en place un concept qui fonctionne bien depuis de nombreuses années : proposer les packs « famille » et « amis », qui permettent aux clients de savourer les fêtes sans se préoccuper de l'organisation. Vu que la salle de restauration est grande, nous y aménageons également des salons privés. Cela nous demande plus de travail, mais le succès est là chaque année avec souvent les mêmes fidèles.

Vendredi arrive à grands pas. Ma grand-mère m'a demandé d'être chez elle pour onze heures, car les filles me réservent une surprise. Je me dis que je n'ai pas très envie d'hériter d'un chat. Je cherche dans ma mémoire ce que j'avais bien pu noter, mais étant donné que j'ai rajouté beaucoup de rêves, je suis un peu perdu.

Me voilà prêt, je suis content car nous avons été efficaces cette semaine : je peux partir l'esprit tranquille. Avoir un objectif me rend plus actif dans mon travail. Je ne reste plus sur les réseaux sociaux. Comme beaucoup, je partais avec l'intention d'y mettre une publication pour le travail, puis je me perdais à regarder les profils de mes amis. Le mien était vide, je n'avais pas grand-chose à mettre dessus !

J'arrive gentiment chez Célestine et je retrouve ma chienne qui me fait toutes ses joies ; il faut avouer que je suis un peu gaga d'elle. Sa présence compense un manque et amenuise un sentiment de solitude. Comme quoi, même les animaux, par le simple fait d'être, nous comblent. Et puis avec eux, pas de mauvaise surprise sur l'humeur : ils sont toujours heureux en notre présence. C'est agréable, je ne regrette pas d'avoir mis ce bulletin dans la boîte à rêves, et surtout, je remercie Julia et ma grand-mère d'avoir osé prendre Molly. Ce n'était certainement pas simple d'imposer un être vivant à quelqu'un comme moi !

— Bonjour les filles, vous êtes là ?

— Oui, entre mon Théo. Julia est partie sortir la voiture du garage.

— Nous pouvons prendre la mienne, j'aime bien conduire.

— Hors de question, c'est ta surprise. Julia sera notre chauffeur, toi tu te laisses conduire. D'ailleurs, je garde le siège passager et tu iras à l'arrière avec Molly.

— D'accord, mais je peux conduire sinon.

— Ne t'inquiète pas, Julia maitrise très bien ma voiture depuis une semaine.

— Ça ne me rassure pas trop !

Voyant que je n'aurai pas le dernier mot, je suis ma grand-mère afin de rejoindre Julia qui est en position de départ et nous attend. Chacun prend place.

— Bonjour Julia, tu vas bien ? osé-je demander afin de sonder un indice sur la suite de la journée.

— Bonjour Théo, oui tout va bien. Si tout le monde est bien installé, en route pour de nouvelles aventures.

— Est-ce que j'ai le droit à un indice ?

— Bien sûr que non. Au fait, tu as prévenu Olivier que je ne pourrai pas prendre mon cours aujourd'hui ?

— Oui, il te propose de venir lundi à la place si tu veux.

— Ah oui, je veux bien. Mais pas avant dix-huit heures.

— Mais pourquoi après ta journée ? demande Célestine.

— Car je travaille pour vous, répond Julia.

— Théo, dis à Olivier lundi après-midi. J'accompagnerai Julia à son cours.

— Entendu Mesdames, je suis votre secrétaire maintenant !

Ça me change, moi qui d'habitude donne des ordres à tout le monde. De même, me faire commander et me faire conduire me perturbent. C'est agréable aussi de suivre les demandes finalement, pas besoin de réfléchir, et surtout, d'assumer en cas de problème.

Je regarde la route que Julia emprunte pour chercher un indice : je vois que nous arrivons sur le grand axe qui va vers Rennes. Ici c'est tellement grand qu'en effet tout est possible. Dans le véhicule, la musique est en fond, j'écoute sans vraiment me concentrer la conversation des filles qui parlent d'un livre qu'elles ont lu toutes les deux. Ma grand-mère lui explique sa vision des choses, mais la conductrice du jour ne semble pas tout à fait d'accord avec sa théorie. C'est touchant de les entendre échanger. Il n'y a pas un mot plus haut que l'autre : chacune argumente sans chercher à convaincre l'autre. Cela étant, je reconnais bien Célestine, qui n'aime pas trop qu'on ne la suive pas et qui répète régulièrement : « Tu verras quand tu auras mon âge, la sagesse te fera voir les choses avec plus de douceur. »

Nous roulons une bonne heure avant d'arriver, semble-t-il, à destination. Julia se gare sur le parking d'un restaurant. Je ne me souviens pas d'avoir écrit cela. Un restaurant, j'en ai déjà un à moi ! Puis, en voyant ma grand-mère descendre une fois le moteur éteint, je fais de même après avoir mis sa laisse à ma chienne. Ma grand-mère m'annonce que Molly peut venir avec nous, car les animaux sont acceptés. Puis nous la suivons avec Julia.

— Julia, c'est ici ma surprise ?

— C'est une étape. Je n'en sais pas plus, c'est Célestine qui a réservé la table pour ce midi.

— À tous les coups, elle connaît le gérant.

— Pourquoi ? Elle connaît tous les restaurateurs de la région ?

— Pas loin, avec tous les salons qu'elle a faits, ce ne serait pas étonnant.

Nous arrivons dans le restaurant, un lieu très moderne qui a conservé son côté ancien. Ici le concept, c'est la crêpe bistro, avec des produits de saison et locaux. Je trouve l'idée très sympa. Nous nous installons chacun à une place et nous commandons l'apéritif. Célestine, elle, est en pleine conversation avec le patron, qui est le fils d'un ami qu'elle a connu toute jeune. Il doit avoir l'âge que mon père aurait eu. Cette pensée, comme à chaque fois, me serre le cœur. Voir des hommes qui ont peut-être connu mon père plus que moi me chamboule toujours. Mais les fuir n'est pas la meilleure des idées.

Après avoir dégusté notre repas, qui en effet était parfait et m'a changé de mes habitudes, Julia annonce qu'il est temps de reprendre la route si nous souhaitons être à l'heure. Je comprends à ce moment-là, que la surprise n'était pas ce repas délicieux.

Me voilà de nouveau à l'arrière du véhicule, à écouter ma grand-mère nous expliquer comment le concept de ce restaurant est né ; elle tient également à préciser que le gérant avait eu l'occasion de jouer petit avec son fils. Je l'avais bien compris en le voyant poser son regard sur moi. Je suppose qu'il a, comme beaucoup, vu une ressemblance, même si je suis plus vieux que mon père à l'époque où ils se sont côtoyés.

Sans m'y attendre, nous arrivons sur la commune de Fidèlia. Julia active son GPS, qu'elle suit attentivement. J'ai le cœur qui bat la chamade comme quand j'étais petit et que je découvrais tous les cadeaux sous le sapin de Noël. Cela me fait du bien de vivre ce moment. Ensuite, nous pénétrons dans une enceinte et là, je me rappelle mon rêve qui était de conduire une Lamborghini. Mon sourire, qui s'affiche tout naturellement, montre ma joie immense à mes deux pilotes.

20

Julia

Nous voilà à destination. En regardant dans le rétro, je vois les yeux de Théo qui pétillent. Je suis passée par toutes les étapes pour réaliser ce rêve ; alors le voir heureux me soulage et me remplit de joie.

Nous descendons et Célestine me donne les papiers de la réservation ; elle avait décidé de les garder, car elle craignait trop que je ne les perde. Elle me connaît un peu et sait qu'avec mon côté tête en l'air, j'aurais pu provoquer un vent de panique. Je suis bien le genre à partir sans les documents !

J'arrive à l'accueil afin de nous présenter. Théo, lui, reste autour des voitures à les admirer. Je n'ai jamais compris comment les hommes pouvaient regarder des engins avec un tel enthousiasme, certains ne poseront jamais un tel regard sur leur propre femme. Mon exemple masculin, mon père, n'a jamais regardé ma mère comme cela et pour ce qui était de ma sœur et moi, ce n'était même pas en rêve. S'il avait eu un fils, il aurait peut-être osé. Mais la vie ne lui a pas fait ce cadeau.

Une fois que nous en avons fini avec les formalités, l'accompagnateur part en direction de Théo. Il lui fait faire le tour du véhicule et lui explique comment la suite va se dérouler. Pendant ce temps, Célestine et moi-même prenons place dans une tribune fermée qui donne sur la piste. Voilà Théo qui monte dans la voiture et démarre. Nous le regardons faire ses tours de piste. Comme il a la carte VIP, cela va durer un petit moment. Clairement, le savoir heureux me met en joie, mais regarder une voiture tourner sur la piste m'ennuie un peu. Je décide d'aller prendre un chocolat chaud au distributeur pour Célestine et moi. Célestine savoure de voir son petit-fils heureux et pousse des petits cris qui sont aussi bien pour « plus vite » ou « ralentis ». Elle vit tout à fond, je la soupçonne d'imaginer être la pilote.

De retour avec nos chocolats chauds, je m'installe confortablement. Puis Célestine, les yeux remplis de larmes, commence :

— Merci Julia.

— Pourquoi vous me dites merci ?

— Eh bien sans toi, Théo n'aurait jamais vécu ce moment.

— Vous auriez pu l'organiser sans que je sois là.

— Oui, mais l'effet de surprise n'aurait pas été aussi réel.

— Je dois avouer que je prends autant de plaisir à préparer la surprise qu'à la vivre. Votre idée est super, car elle nous offre à tous les trois de jolis moments.

— Je suis ravie de te savoir enthousiaste dans cette démarche.

— Et cerise sur le gâteau, votre petit-fils est plus cool avec moi.

— À sa décharge, tu es l'opposé de son monde.

— Et c'est quoi son monde ?

— Un monde qui ne le rend pas heureux.

Quand j'entends ces mots, je me demande où Célestine veut en venir. Pour elle, il y a plusieurs univers. Pourtant, si je regarde le mien, que je connais bien, et celui de Théo, même s'ils sont opposés je me sens plus heureuse que lui. Ou en tout cas nettement moins en souffrance. Ce qui est difficile pour moi, c'est quand des personnes du monde de Théo me rejettent car je ne rentre pas dans leurs cases. Finalement, peut-être qu'il ne faut pas se torturer l'esprit, nous sommes différents et pas tous compatibles : que chacun reste où il se sent en harmonie tout en étant dans le non-jugement.

Théo nous rejoint tout sourire et je m'amuse à penser : « Voilà un homme heureux. » Il nous raconte ses sensations comme un enfant de huit ans qui a reçu le plus beau des cadeaux pour son anniversaire. Nous prenons le temps de boire un verre avec la personne qui était en charge de l'accompagner. Je ne comprends pas toutes les histoires de moteur, de chevaux, de puissance. Cette conversation me dépasse, mais je reste tout sourire. Puis, voyant Célestine heureuse mais fatiguée, nous prenons le chemin du retour. Théo négocie ardemment pour conduire. Je finis par céder. J'espère qu'il ne va pas se prendre pour un pilote, car à l'arrière avec Molly, je n'ai pas envie de repeindre la voiture de ma patronne !

Quand nous arrivons à la maison, j'aide Célestine et lui installe le couvert. Elle semble plus fatiguée que d'habitude. Théo la remercie longuement, les yeux encore tout pétillants. Je leur souhaite une bonne soirée et un bon week-end. Au moment de rentrer pour m'installer dans mon véhicule, j'entends une voix qui m'appelle. C'est Théo qui marche d'un pas actif dans ma direction.

— Julia, merci pour tout.

— C'était avec plaisir, j'ai également passé une agréable journée.

— Ta présence nous aide tous les deux.

Ne sachant pas quoi dire, je capte les yeux de Théo afin d'entendre la suite.

— Je n'ai pas l'habitude de dire ça, ce n'est pas facile. Mais voilà, merci pour ma grand-mère qui va mieux, pour Molly et pour moi.

— De rien, je suis contente de te savoir heureux et que ma présence serve à quelque chose.

— Elle est plus que quelque chose. Prochaine étape, c'est moi qui réalise ton rêve ?

— Eh oui, j’ai hâte de le connaitre. Il faut dire que j’ai mis tellement de billets que je ne sais plus vraiment ce que j’ai noté.

— Toi aussi ! Eh bien nous verrons dans les semaines à venir. Je te propose que l’on attende un peu. Célestine est plus fatiguée avec l’automne qui approche. Et de mon côté, mon planning va être chargé avec Noël et le jour de l’An qui arrivent souvent trop vite. D’ailleurs, tu seras en vacances sur cette période. Tu restes dans le coin ?

— Non, je pense que pour Noël, je vais aller voir ma famille et le jour de l’An je serai par ici.

— D’accord, alors laissons passer les Fêtes pour reprendre la suite.

— Avec plaisir Théo, prends soin de toi. Et pense à prendre des congés après les Fêtes.

— Oui, je dois aller au ski avec un ami.

— Parfait, donne-moi tes dates, je viendrai aussi le week-end voir Célestine.

— Merci beaucoup Julia.

Et pour la première fois, il prend le temps de me faire la bise. Cela me surprend.

Je rentre chez moi, fatiguée de ma semaine. Mais je suis aussi nostalgique, car évoquer Noël me rappelle que je ne serai pas en famille : je serai seule dans mon appartement comme depuis deux ans. Et surtout, je me demande pourquoi j’ai menti à Théo. Je ne voulais sans doute pas voir de la pitié dans son regard. Pourquoi ne pouvons-nous pas barrer certaines dates du calendrier ?

21

Théo

Voici la période des Fêtes qui arrive à grands pas ; demain soir, le restaurant et l'hôtel seront pleins pour le réveillon. Les chambres sont bien préparées, de manière à ce que les familles soient au plus près les unes des autres. Finalement cette période me plaît. Célestine est mon unique famille, donc devoir travailler ne me rappelle pas que nous sommes seuls. Comme chaque année, je vais aller prendre l'apéritif avec elle et nous allons nous offrir un petit cadeau. Demain midi, nous irons manger au restaurant avec le personnel qui travaille ce jour-là. C'est un peu notre Noël à nous.

Le matin du vingt-six décembre, je décide d'aller chez ma grand-mère pour voir comment elle se porte et pour lui laisser Molly, car je suis avec l'équipe pour réaménager le restaurant. En arrivant, je vois la voiture de Julia. Cela me surprend, je la croyais en famille. Je retrouve les deux femmes en pleine conversation devant un thé.

— Bonjour Mamie, bonjour Julia. Je te croyais partie.

— Je suis revenue, la fête est finie. Donc je profite d'être en congé pour venir vous offrir mon petit cadeau de Noël à tous les deux.

— Merci beaucoup, mais il ne fallait pas.

Au même moment, ma grand-mère se lève et sort de son armoire un joli cadeau. Elle le tend à Julia pour le lui offrir, tout en lui précisant que c'est de notre part à tous les deux. Je me sens soulagé qu'elle ait pris les devants. Je ne suis pas très sensible à ce type d'attention. J'observe Julia ouvrir son cadeau, car je ne sais pas ce qu'il contient.

— Merci beaucoup à tous les deux, voilà de quoi occuper mes soirées d'hiver.

— Oui, j'ai vu à la librairie que tu les convoitais ces mandalas. Donc je t'ai fait croire qu'ils étaient pour moi. Théo a participé lui aussi.

— Merci Théo. Voici le mien pour toi, ce n'est pas grand-chose. Et celui-ci est pour vous Célestine.

Je prends le temps d'ouvrir mon présent en même temps que Célestine. Il contient un livre sur l'histoire des Lamborghini. Ma grand-mère, elle, se voit offrir une jolie écharpe. La frileuse va pouvoir bien en profiter en cette période. Un troisième paquet est là, c'est pour Molly : un joli collier rose. Je suis touché qu'elle ait même pensé à ma chienne. Mais dans son regard, je ressens quelque chose qui ne va pas. Elle n'est pas la Julia spontanée, avec ce rire facile, et ses yeux ne brillent pas autant que d'habitude. Je décide de m'installer près d'elle afin de la sonder.

— Alors Julia, ta famille allait bien ?

— Oui, euh, comme d'habitude je dirais.

— D'accord. Tu as pris le temps de te reposer un peu ?

— Oui, enfin il me reste une semaine. D'ailleurs, j'ai un cours d'équitation demain. Vous souhaitez venir avec moi Célestine ?

— Oui, avec plaisir. Je mettrai ma belle écharpe.

— Vous savez, j'ai changé de monture. C'est Coquelicot mon nouvel acolyte. Il est plus rapide que Nuage.

Je comprends qu'elle cherche à changer de sujet, donc comme je ne veux pas être insistant, je décide de ne plus parler de son séjour familial. Je vais mettre Célestine dans la confidence, elle saura trouver les mots, car quelque chose me chiffonne.

Après cette pause, je repars au travail. Sur le chemin du retour, je me surprends à être plus calme. Théoriquement, j'ai tendance à crier sur tout le monde en cette période. Je veux que tout soit parfait et là, comme par magie, je leur laisse les rênes, j'ose m'absenter et je suis plus doux dans mes paroles.

J'ai à peine le temps de tout remettre en ordre que le jour de l'An s'annonce. Pour cette fête aussi je reste travailler, je ne la passe jamais avec des amis. Étonnamment, cette année, cela me pèse moins sur le cœur. Et puis je sais que je pars au ski avec Marco, je vais pouvoir me rattraper là-bas.

Avec Marco, nous avons décidé de partir dans les Alpes. Depuis mon plus jeune âge, je pars au ski : avant c'était avec mes parents, puis avec mes grands-parents qui eux, fermaient l'établissement une semaine par an, juste pour s'octroyer ce moment à la montagne. Ensuite, j'ai gardé cette habitude avec des amis. Cette année c'est exceptionnel, je pars sans eux et plus tôt que prévu. J'ai en effet ressenti le besoin de partir uniquement avec Marco ; comme il ne pouvait pas décaler ses congés et qu'il ne connaissait pas mes amis, ça s'est fait naturellement. J'espère que nous allons tout de même bien nous entendre.

Ce matin, c'est le réveil qui m'annonce qu'il est l'heure : mon horloge naturelle m'a oublié. Il faut dire que nous sommes le deux janvier. Cela sonne aussi la fatigue des fêtes qui arrive. Allez, plus que trois jours et je pars pour la semaine. Cela va me faire un bien fou, je vais tâcher de me reposer et de ne pas faire que la fête et du ski. Ces vacances seront bien méritées.

Je prends le temps dans la matinée de téléphoner à Julia, afin de savoir si sa proposition de venir voir Célestine dimanche tient toujours. En effet, elle ne finit ses congés que lundi et je pars samedi.

— Allo.

— Bonjour Julia, c'est Théo.

— Salut Théo, bonne et heureuse année.

— À toi aussi, tous mes vœux. Je me permets de te déranger pour savoir si tu es toujours d'accord pour passer voir Célestine dimanche.

— Bien sûr, tu pars samedi prochain ?

— Oui, c'est ça.

— Tu peux compter sur moi. Je passerai aussi la voir samedi en fin de matinée.

— Merci, c'est très gentil de ta part.

— Avec plaisir. Tu as passé un bon réveillon ?

— Oui, nous avons bien travaillé, ils étaient en forme cette année ! Et toi ?

— Très bien, nous étions chez ma copine Mathilde. Mais je n'ai pas fini trop tard. Donc je suis en forme pour reprendre le travail.

— Tu sais, tu n'as pas à te justifier.

— Non, c'est vrai, tu as raison. Je te souhaite de passer de belles vacances, tu peux compter sur moi. Et profites-en pour souffler un peu.

— Oui, promis. S'il y a quoi que ce soit, je suis joignable.

— Tout va bien se passer. Bonne journée.

— Oui, bonne journée à toi aussi.

Je crois que ce que j'aime beaucoup chez Julia, c'est son côté optimiste sur tout, mais aussi sa bienveillance. Elle pense beaucoup aux autres et à leur bien-être. Cela me renvoie une jolie image de l'humain, car je crois que je ne suis pas capable d'une telle générosité finalement.

Aujourd'hui c'est le jour de mon départ ; le restaurant étant fermé, il ne reste que le personnel en charge du ménage. Je prends le temps de voir avec eux les tâches à accomplir. Ensuite je rejoins Hubert, qui est dans le cabanon, afin de lui rappeler de veiller sur ma grand-mère. Même si Julia est là, je sais que la nuit, Célestine va être seule. Comme Hubert est son plus proche voisin, il aura la charge de bien fermer le soir et d'activer les alarmes.

Je passe saluer Célestine, qui semble heureuse de me voir partir, et je lui laisse Molly avec tout ce dont la chienne a besoin. Les deux semblent pressées d'être ensemble. Puis j'embrasse ma grand-mère et pars direction l'appartement de Marco, puisque c'est avec sa voiture que nous allons à la gare prendre le train.

— Salut, me dit Marco.

— Salut toi, tu n'as rien oublié, comme à chaque fois ?

— Si sûrement, mais comme mon copain Théo n'oublie jamais rien, je ne suis pas inquiet.

Nous voilà installés dans le train. Je branche mes écouteurs, car parler en chuchotant nous agace autant l'un que l'autre. D'un commun accord, Marco et moi profitons donc du voyage chacun dans son monde.

Alors que je me laisse emporter par la musique, de vieux souvenirs, dont le visage de Justine, remontent à la surface. Puis beaucoup de questions me viennent à l'esprit. Que devient-elle ? Est-ce qu'elle vit toujours au Canada ? A-t-elle des enfants, un nouveau conjoint ? Depuis six ans que nous sommes séparés, qu'aucune nouvelle n'a été donnée, je me pose parfois ces questions, surtout quand je suis seul et calme. Mais je n'ose pas en parler. De toute façon à qui ? Marco, je le connais depuis peu. Ma grand-mère, elle, est restée triste longtemps suite à ma séparation d'avec Justine. Elle voulait me consoler mais au bout d'un an, je lui ai dit fermement que c'était fini et que ce prénom ne devait plus être prononcé dans notre maison ! À l'époque, j'ai même refusé d'embaucher une saisonnière car elle se nommait Justine. Je crois que depuis, quand Pauline voit un curriculum vitae avec ce prénom, elle le met directement à la poubelle. J'ai un peu honte de ce comportement parfois houleux, mais surtout qui n'a aucun sens. C'est à moi de tourner la page définitivement et de ne pas rester en mode « victime ».

Après mon séjour à la montagne, je vais prendre le temps de réfléchir à trouver une idée pour clore ce chapitre, car il fait partie de ceux qui m'empêchent d'avancer finalement. Mais pour le moment place à la neige, au vin chaud et à la fête.

22

Julia

— Bonjour Célestine, une belle année à vous, de vive voix.

— Merci ma grande, à toi aussi et beaucoup de bonheur.

— Théo est bien parti ?

— Oui, Molly est certainement allée dormir dans ma chambre.

— La chipie.

— Ce n'est pas grave, ce sont les vacances pour elle ici. Tu ne travailles pas aujourd'hui, que me vaut ta présence ?

— Je peux passer vous voir sans l'idée de travailler.

— C'est très gentil Julia, cela me touche beaucoup.

— Comme Théo partait, je lui ai promis de passer vous voir aujourd'hui et demain. Puis lundi, nous reprendrons nos habitudes.

— Parfait, alors va nous servir un thé. Vu la météo, je ne suis pas motivée pour une promenade. Peut-être lundi.

Après avoir passé un moment à échanger et promené un peu Molly, je m'apprête à retourner chez moi. Mais Célestine me stoppe dans mon élan.

— Comment s'est passé ton Noël ?

— Très bien, mais nous nous sommes déjà vues entre-temps !

— Tu me prends pour une idiote !

— Je n'oserais pas.

— Julia, tu sais parfois, vider son sac, ça fait du bien. Garder tout ça ne changera rien, mais surtout, après de nombreuses années, cela devient pesant et toxique. Prends le temps d'y réfléchir et si tu en as besoin, je veux bien être celle qui tient la poubelle pour que tu y mettes ce qui t'encombre.

Sur ces mots, elle m'embrasse et me souhaite une bonne soirée. En retournant dans mon appartement, la remarque de Célestine continue de résonner en moi. Comment ai-je fait pour en arriver là : passer Noël toute seule, isolée ? Mes anniversaires sont tellement tendus que je souhaiterais également que ce jour soit enlevé du calendrier. Peut-être que Célestine a raison, en parler me ferait du bien. Au moins j'aurais une personne sur cette planète à qui je ne mentirais plus pour paraître comme les autres.

Je me lève de bonne heure pour un dimanche matin. Hier, je n'ai pas eu le cœur à aller boire un verre avec mes copains. Ce que Célestine m'a dit n'a cessé de tourner en boucle dans ma tête. Alexandre a essayé de me contacter, mais il est juste ma compagnie et hier soir je voulais être seule : je ne lui ai donc pas répondu. Je crois qu'il est temps pour moi de tout remettre à plat, dans l'idée d'être honnête avec moi-même. C'est lors de la dernière séance d'équitation que c'est devenu évident pour moi. Olivier, pendant un exercice, m'a dit : « Tu sais Julia, les chevaux ne mentent jamais. En faisant le choix de monter sur leur dos, tu te dois d'être authentique avec eux. Il n'y a pas de place pour la triche avec cet animal. » C'était dans un contexte de progression certes, mais tout cela a résonné plus loin dans ma vie de tous les jours. Je sais bien que j'ai l'image de la fille sympa, rigolote, joyeuse, insouciante : c'est tellement plus simple. C'est le pansement que j'ai collé il y a de nombreuses années. Maintenant, il est tellement ancré dans ma peau que l'arracher sera forcément douloureux. Malgré cela, c'est décidé, je vais voir Célestine et dès ce matin, je lui raconte tout. Elle n'aura peut-être pas la solution idéale, mais j'aurai le sentiment de commencer à avancer, en laissant mes blessures à l'air libre pour qu'elles puissent cicatriser proprement !

— Célestine vous êtes là ?

— Oui, Julia, j'arrive, installe-toi.

Je me pose dans mon fauteuil habituel : l'humain et sa routine qui rassure. J'entends les petites pattes de Molly sur le parquet qui arrivent. Célestine et moi nous saluons et nous ouvrons la porte-fenêtre à Molly, car la princesse semble vouloir prendre l'air.

— Que me vaut ta jolie présence de si bon matin ?

— J'ai réfléchi toute la soirée et une partie de la nuit. Si vous êtes toujours partante pour tenir la poubelle…

— Bien évidemment, mais avant, prépare-nous une boisson et quelques gâteaux, je n'ai pas encore petit-déjeuné.

Je suis les instructions de Célestine, puis je reviens dans le salon. Molly, elle, est de retour. Mon cœur s'accélère car je ne sais par quel bout commencer.

— Le chapitre « mon père », vous le connaissez en grande partie.

— Oui, en effet. Mais pourquoi tu as passé les Fêtes seule alors que tu nous as dit à demi-mot que tu étais en famille ?

— Car c'est la honte d'être toute seule à Noël.

— Ah bon et pourquoi ?

— Tout le monde est en famille, or moi je suis dans mon appartement et je n'ai même pas un chat pour compagnie.

— Tu pouvais nous dire la vérité, nous aurions fêté Noël ensemble. Tu sais ici, avec le resto, ce n'est jamais la grosse fête.

— Oui, mais je ne suis pas de votre famille.

— Julia, une famille ce ne sont pas que des liens de sang, c'est la société qui impose cela. Une famille, elle peut aussi se créer quand la nôtre ne nous correspond pas.

En y réfléchissant, elle n'a pas tort. Et si je fais croire à tout le monde que je suis avec des personnes alors qu'en réalité je suis seule, je ne risque pas d'être invitée quelque part.

— Tu as une sœur et une mère. Ta présence ne leur manque pas ?

— Je ne sais pas. Il y a deux ans, j'ai dit stop. Lors d'un réveillon, mon beau-frère était saoul, ma sœur faisait comme si tout était normal, et ma nièce pleurait de voir son père violent en paroles et en actes. Il avait piqué une crise car le parfum que Stéphanie lui avait offert n'était pas celui qu'il souhaitait. Il avait jeté la bouteille contre le mur et l'avait explosée. Ma nièce, qui croyait au père Noël, ne comprenait rien. Je me suis levée et j'ai nettoyé le chantier, tout en pleurant le plus discrètement possible. J'entendais mon beau-frère dire à Stéphanie qu'elle n'avait pas de cerveau, qu'elle l'avait fait exprès. Lui ne lui avait même pas offert de cadeau ! Puis ma sœur est partie mettre la petite au lit pour la calmer, et ma mère m'a laissée en plan avec cet idiot de gars qui était incapable de se tenir. Il faisait le coq, le seul mâle de la famille ! Ça m'a rappelé une scène que j'avais vécue : j'avais treize ans et j'ai passé le pire Noël de ma vie. Mon père avait réagi exactement pareil. Quand j'ai vu le même scénario se répéter sous mes yeux avec mon beau-frère, j'ai décidé de ne plus revenir passer Noël avec eux. À l'époque, j'étais en couple avec Noah. Ce soir-là, nous n'étions pas ensemble : Noah était avec sa famille qui vivait à mille kilomètres de notre domicile. Par obligation professionnelle, je n'avais pas pu l'accompagner. Et puis surtout, je voulais être auprès de Stéphanie et de ma mère. En rentrant, j'ai raconté la scène à mon ex, pensant que notre couple était solide. Comme une gagnante, j'avais dit à ma sœur que je ne passerais plus de réveillon en leur compagnie. Six mois après, Noah me quittait. Donc je me suis retrouvée seule le Noël suivant, Stéphanie m'ayant aussi annoncé que je n'étais pas la bienvenue et que son mari ne voulait plus que je partage leur table.

— Et ta mère, elle ne veut pas faire Noël avec toi ?

— Non, car elle veut voir ses petites-filles. J'habite trop loin et il est hors de question que je dorme chez elle.

— Pourquoi ?

— Car c'est trop de travail d'accueillir du monde. Elle est tout le temps fatiguée. Je me demande bien pourquoi.

— Le chagrin peut-être ?

À ce moment-là, je prends conscience que oui, ma mère est malheureuse, épuisée de cette vie finalement, et qu'elle est sans doute un peu dépressive. Le départ de mon père aurait dû la soulager, c'est certain, mais non, elle n'a jamais retrouvé goût à la vie. Peut-être qu'elle était déjà morte avant lui.

— Tu sais Julia, Noël est une pression commerciale. Quand j'ai perdu mon fils et sa femme que j'aimais comme ma fille, j'ai continué pour Théo. Il était petit et je voulais qu'il puisse aussi avoir une fête vis-à-vis de ses copains. Alors tu as deux solutions : soit tu décides de bien vivre le fait d'être seule, soit tu choisis de fêter Noël avec des personnes qui te ressemblent. Tu as un an pour choisir. Cela te laisse du temps ma belle. Voilà, je pense que maintenant, un bon bout de ta peine est dans ma poubelle. C'est assez pour aujourd'hui. Quand tu auras autre chose à jeter, dis-le-moi, je serai là pour continuer ce nettoyage.

— Merci, cela m'a fait du bien de tout vous raconter. Et je crois que le voile va se retirer en douceur.

— Tu sais pour aller bien, il faut déjà savoir où nous avons mal.

23

Théo

J'ai passé une agréable semaine de vacances et me voilà de retour chez moi. Je passe directement chez ma grand-mère la saluer et retrouver ma chienne. Je suis heureux de mon séjour. Avec Marco, tout est simple. Ce type est super : pour lui vivre, ça veut dire savourer. Je devrais le présenter à Julia, ils se ressemblent pour leur optimisme. D'ailleurs, à côtoyer des gens comme eux, je me sens mieux dans ma tête. C'est peut-être ça la solution pour être plus vivant : m'entourer de personnes vivantes. Avec eux, pas de pitié et pas de prise de tête sur la crise économique. Marco m'a répété plusieurs fois lors du séjour : « Tu reçois ce que tu vibres. » Lui, il se sent terrien, mais il vit dans un monde qu'il idéalise. Pendant toute la semaine, nous avions interdiction d'écouter les informations, la radio ou autre. Je lui ai dit que s'il y avait une catastrophe, je ne le saurais même pas, or pour lui, cela n'y changerait rien. Il me disait : « Si tu veux aider le monde à être en paix, commence déjà par être en paix toi-même. » Cette façon de penser me semble un peu étrange, mais je suis bien obligé de constater que je me sens assez serein pour quelqu'un de toujours angoissé.

— Coucou Mamie.

— Coucou mon grand, comment vas-tu ?

— Super. J'ai passé de très bonnes vacances. Elle n'est pas là Molly ?

— Elle est partie avec Julia faire un tour.

— Parfait, mais Julia est là ?

— Oui, elle ne savait pas à quelle heure tu allais rentrer, donc elle est passée voir si j'avais besoin d'aide. Elle est parfaite cette petite.

— Oui, je me sens honteux de l'avoir mal jugée.

— Il n'y a que les imbéciles qui ne changent pas d'avis ! Me voilà rassurée sur le fait que tu n'es pas si bête ! dit Célestine en rigolant.

J'entends la porte claquer : c'est ma petite boule de poils qui arrive dans mes bras. Que c'est bon de la revoir, elle m'avait manqué. Je lui fais un gros câlin, lui demande comment elle va. Puis, je me rends compte que deux regards se braquent sur moi avec deux visages, mi amusés, mi étonnés.

— Molly semble contente de me revoir.

— Il n'y a pas que Molly qui semble heureuse, annonce Julia, avec un ton un peu moqueur. Alors tes vacances ?

— Super, une bonne neige, un temps parfait. Et Marco est un gars génial, il faut absolument que vous le rencontriez.

— Avec plaisir mon grand ; dis-lui de venir manger avec nous vendredi s'il est disponible.

Cela ne te dérange pas Julia, de faire un repas pour quatre ?

— Pas du tout, plus on est de fous, plus on rit !

La semaine passe extrêmement vite ; une chance pour moi de reprendre tranquillement, car le restaurant est encore fermé pour une quinzaine de jours. C'est l'occasion de refaire quelques travaux et d'améliorer la décoration. J'aime beaucoup cette période, d'autant plus cette année. J'ai envie de fantaisie, donc j'ai pris la décision de ne plus donner des numéros aux chambres, mais de les identifier par des noms de villes du monde, avec des objets qui les représentent. Sur le coup, Pauline semblait un peu étonnée, mais elle a très vite validé.

Marco a accepté notre invitation. Comme il travaille à son compte, il a décalé quelques rendez-vous pour nous offrir sa présence. J'ai hâte de lui présenter ma grand-mère et Julia, et de passer un moment avec eux. Je suis certain que tout va aller pour le mieux. Alors pour cette occasion, j'ai commandé chez le pâtissier un gâteau aux trois chocolats, que je dois aller chercher rapidement si je veux être à l'heure.

Quand j'arrive, Julia est déjà à l'entrée, la porte ouverte pour m'accueillir. J'ai vu sur le parking de l'hôtel la voiture de Marco, je dois certainement être attendu. Je prends le temps de récupérer mon gâteau et je me dirige vers la maison.

— Hello Julia.

— Coucou Théo, entre, ton ami est déjà arrivé. Dis donc, tu aurais pu me dire qu'il était aussi plaisant à regarder, me chuchote Julia.

— Je savais que vous alliez bien vous entendre. Pour info, il est célibataire. Mais toi tu as déjà de la compagnie je crois ?

— C'est compliqué. Mais nous n'avons jamais abordé ce sujet ensemble, c'est Célestine qui te l'a dit ?

— Elle a juste évoqué une compagnie, je ne connais même pas son prénom.

— Ah, d'accord. Alors pour ta gouverne, nous nous sommes séparés après la nouvelle année. J'ai décidé que si je voulais trouver une personne qui me convienne, je devais être libre de mon passé avant tout. Voilà, tu sais tout, je suis en phase de reconstruction de l'image masculine !

— Parfait, Marco est l'homme qu'il te faut.

— Tu m'agaces Théo. Entre, nous allons choper une pneumonie à rester plantés dehors !

Nous voilà réunis tous les quatre à table. Julia a mis les petits plats dans les grands pour cette occasion : cela me touche car elle fait toujours pour le mieux. Ma grand-mère est en pleine conversation avec Marco concernant un peintre qu'ils connaissent tous les deux. Je laisse aller les discussions et je me détends, en attendant mon tour pour parler.

— Alors Marco, ça fait longtemps que tu connais Théo ? interroge Julia.

— Depuis le printemps ; nous nous sommes connus lors d'une soirée. Je ne te cache pas qu'au premier abord, j'ai voulu le fuir avec son air supérieur. Cependant, ma curiosité envers cette attitude m'a fait penser qu'il y avait quelqu'un de bien derrière cette carapace. Et j'ai eu raison. Nous sommes de bons amis depuis et maintenant, nous partageons même nos vacances en duo !

— En effet, j'ai eu le même ressenti, heureusement que c'est à sa grand-mère que je devais tenir compagnie, sinon je n'aurais même pas commencé !

— Vous savez que je vous entends tous les deux, dis-je en rigolant.

Étonnamment, j'ai l'impression que ce qu'ils disent est vrai, certes, mais que c'était avant. Cela m'aurait touché il y a encore deux mois, mais là rien. Je dois vraiment me sentir mieux dans ma peau pour avoir cette réaction, et puis il n'y a aucune méchanceté dans leurs paroles. Cette carapace, c'était pour que l'on ne m'approche pas de trop près, car tous les amours de ma vie sont partis ou décédés. Je ne sais pas si je peux m'en vouloir pour ça. Cependant, avec du recul, je suis bien obligé d'admettre que cela ne mène à rien, car j'ai goûté à la solitude au plus profond et elle ne me rend effectivement pas du tout heureux. Avec ma grand-mère, Julia et Marco, je me sens bien entouré et il n'y a aucun artifice pour le paraître.

Le dessert arrive : chacun semble content du choix que j'ai fait. C'est parfait et l'ambiance est bon enfant, je crois d'ailleurs que Marco va vouloir se joindre à nous pour ce rendez-vous hebdomadaire. Il est à l'aise partout. Quand je l'observe, il regarde tout avec amour, sans jugement. Nous avons le même âge, nous sommes célibataires tous les deux, mais lui il s'en fiche, il dit toujours que tout arrive au bon moment. Cela étant, quand il pose son regard sur Julia, ses yeux pétillent.

Nous lui expliquons le jeu mis en place par Célestine, car en théorie c'est à mon tour de prendre un ticket pour réaliser le rêve de Julia, sauf que ma grand-mère souhaite changer les règles. Et elle s'apprête à nous les annoncer.

— Pour le prochain rêve à réaliser, j'ai décidé que j'allais choisir pour vous. Je connais Théo depuis toujours et toi Julia, après nos diverses conversations, j'ai ma petite idée sur ce que Théo doit prévoir pour toi.

— D'accord, dis-je, mais alors je dois attendre, tu ne vas pas le dire devant Julia je suppose.

— En effet, je réfléchis encore une petite semaine et quand tout sera prêt, je t'avertirai.

Sur ce coup, je participe aussi à la mise en place.

— Vous me faites peur Célestine, déclare Julia.

— Ne t'inquiète pas ma belle, tout va bien. C'est pour vous, je n'ai pas prévu de vous jouer un mauvais tour. Donc détends-toi et laisse aller. Comme le dit Marco, les choses arrivent quand nous sommes prêts. Je ne fais qu'accélérer ce qui doit se produire.

Je reste sans voix : comment ma grand-mère peut-elle avoir autant d'imagination ? Nous finissons ce moment dans la rigolade. Célestine va prendre le temps de se reposer pour être en forme afin d'accompagner Julia à son cours d'équitation. Cette fois-ci, je ne les accompagne pas. Puis je pars à l'hôtel avec Marco afin de lui montrer mon projet. Je souhaite qu'il me donne son avis avant de le valider, c'est important pour moi.

— Je suis content de te voir heureux, cela te donne de belles idées en plus.

— Merci à toi Marco, tu es aussi la raison de ce changement.

— Eh bien me voilà enthousiaste de savoir que tu avances avec plus de légèreté. Et si tu as besoin je suis là.

— Merci.

— Il faut que je file, j'ai deux patients pour clôturer la semaine. À vendredi ! Même heure ?

— Avec plaisir.

— C'est ta grand-mère qui m'a invité, je crois que le vendredi après-midi, sur mon agenda, ça va être comme pour toi : une grande croix. Merci de m'inclure dans votre trio, vous êtes super.

— C'est Julia qui va être heureuse.

— Eh bien sache que c'est réciproque. Elle a une faille, mais sa joie de vivre va la sauver.

Je regarde Marco repartir vers le parking. Il a raison : on peut parfois lire dans les yeux de Julia une certaine tristesse, que je n'ai pas réussi à identifier. Son optimisme la sauve en effet. Ce Marco m'épate : en deux heures, il a cerné Julia mieux que moi, qui la côtoie depuis des mois. Il s'intéresse certainement aux gens ou les regarde dans leur intégralité, et pas en fonction de leurs vêtements ou de leur statut social. C'est lui qui a raison, sans aucun doute. Je vais m'entrainer à regarder les autres avec plus de profondeur et ne plus arrêter mon jugement en fonction de leur véhicule quand ils arrivent pour prendre leur chambre.

24

Julia

Le temps est pluvieux et froid : la résolution d'hier qui était de courir ne me semble pas prudente. De plus, comme j'ai eu mon cours d'équitation hebdomadaire, et même si mon corps a moins de courbatures, je me convaincs que j'ai tout de même fait du sport. Je décide plutôt d'aller faire les boutiques.

Me voilà partie direction le centre commercial : c'est l'endroit idéal pour flâner et ensuite, je ferai quelques courses car mon frigo me fait de la peine. Il faut dire que le midi je suis nourrie, et comme souvent il y a des restes, Célestine souhaite que je les ramène chez moi. Cela allège bien mon budget, donc autant le mettre à profit pour améliorer ma garde-robe, car le revers de la médaille, c'est que j'ai pris un peu de poids.

Devant une vitrine de chaussures, je ressens une présence dans mon dos, je me retourne et c'est Marco qui est là.

— Bonjour Julia, je t'avais vue de loin, mais j'ai préféré m'approcher avant de crier ton prénom.

— Bonjour Marco, comment vas-tu depuis hier ?

— Tout va bien, merci. Je suis venu faire quelques courses, tu as le temps pour prendre un café ? Il y a une brasserie plus au fond.

— Oui, avec plaisir.

Nous nous dirigeons vers la brasserie et tout en marchant, je lui explique la raison de ma présence ici. Je suis contente de le voir plus tôt que prévu. Il me paraît rassurant comme homme avec son mètre quatre-vingt-cinq, un physique plutôt costaud digne d'un sportif, des cheveux bruns bien coiffés et des yeux bleus hypnotisants. Hormis son physique agréable à regarder, je sens aussi une certaine sagesse. D'ailleurs, Théo est beaucoup plus détendu depuis qu'il passe du temps avec Marco. Certainement un signe que Marco doit posséder des dons que j'ignorais chez les hommes. Zut, voilà mes vieux clichés qui reviennent. Stop Julia ! Laisse-lui le temps d'un café pour se dévoiler sans penser à tes préjugés.

— Tu veux boire quoi Julia ?

— Un chocolat chaud. J'ai un peu froid. Et il est trop tard pour un café si je veux dormir ce soir.

— Je vais commander, ne bouge pas.

En le voyant partir, je me surprends à sentir des papillons dans le ventre, une sensation que j'avais oubliée depuis quelques années. La personne qui m'avait fait découvrir cela pour la première fois, c'était Noah. Ah non, je ne vais pas me mettre à penser à lui ! Lorsque nous vieillissons, nous avons des expériences, ce qui entraine des doutes sur beaucoup de choses. Finalement être un enfant, c'est parfait. Célestine a raison sur ce point : garder l'insouciance d'une petite fille, quand le doute prend le dessus. Sauf que je ne vais pas faire ma gamine devant Marco, il risquerait de partir en courant ! D'ailleurs, le revoilà avec nos chocolats chauds. Un bon point pour lui.

— Voilà Mademoiselle, un chocolat pour te réchauffer.

— Merci beaucoup. Tu as fait le même choix que moi.

— Oui, il y a des années que je n'ai pas bu cette boisson, tu as réveillé l'envie. Cela me rappelle de jolis souvenirs d'enfant. Ma mère nous en préparait pour le goûter au retour de l'école.

— Tu dis « nous », tu as des frères ou des sœurs ?

— Oui, j'ai une grande sœur.

— Ah, comme moi.

— Nous voilà un point commun.

— Théo m'a dit que tu étais podologue.

— Oui, j'ai mon cabinet au centre-ville. J'adore mon métier. Et puis, il me permet de pouvoir gérer un peu mon temps comme j'ai envie.

— En effet, même si je suppose qu'être à son compte ne veut pas dire faire tout ce que l'on souhaite, quand on le désire.

— Je confirme, mais l'avantage, c'est qu'on n'a pas de patron.

— Quand tu as Célestine comme patronne, tu n'es pas malheureux.

En effet, cette femme est parfaite, j'éprouve beaucoup de plaisir à aller chez elle. Après, je ne suis pas idiote, je vois bien qu'elle vieillit et elle ira sans doute un jour dans une maison de retraite, ou bien elle quittera cette terre. Quand j'y pense, j'ai déjà de la peine, elle fait partie de mon nouvel équilibre. Elle est un peu ma famille, car la vraie n'est pas très présente ! Pour retrouver un travail dans lequel je suis aussi épanouie, ça va être compliqué. Mais pourquoi est-ce que je pense à des choses comme celles-ci alors que je suis en charmante compagnie ?

— Ton cours d'équitation s'est bien passé hier ?

— Très bien, Coquelicot est super et Olivier un bon professeur, car nous partions de loin vu mon niveau.

— Théo m'a dit que le but était de faire une balade à la plage.

— Oui, il doit m'accompagner. Nous avons prévu ce moment aux beaux jours.

— Si tu veux bien, je serais heureux de me joindre à vous.

— Tu montes aussi ?

— Oui, je montais, jeune. Depuis, à chaque période de vacances, je m'offre une promenade. J'aime beaucoup cette activité.

— Eh bien, avec plaisir si Théo accepte.

— Je m'en charge.

— Je suis désolée, j'ai du monde ce soir et je n'ai pas fait mes courses, je dois t'abandonner.

— Ne sois pas désolée, merci d'avoir passé un peu de temps avec moi. Je suis content de ne pas avoir eu à attendre jusqu'à vendredi.

Lorsque Marco prononce ces mots, mes joues deviennent rouges. Je me sens touchée et intimidée en même temps. Nous prenons le temps de nous saluer et de nous faire la bise. Chacun souhaite une bonne soirée à l'autre. Puis je pars direction le supermarché avec un sentiment de joie et de sérénité.

Je retrouve mes amis chez moi ; j'ai concocté un apéritif dînatoire, car je n'étais aucunement inspirée pour faire de la grande cuisine. Nous sommes tous les cinq autour de la table basse dans mes canapés et fauteuils. Nous parlons de nos semaines, et je me surprends à être la seule qui ne râle pas après son chef, un collègue ou un client. Finalement, j'ai bien un job de rêve.

Une fois que tout le monde est parti, je repense aux demandes que nous pouvons faire, comme Mathilde me l'avait conseillé. Je pars aussitôt prendre une feuille et un stylo. Puis je note ma demande, qui est de trouver un homme qui m'aime comme je suis et qui m'apprenne à refaire confiance en la vie. De mon côté, je sais bien que je dois continuer de me débarrasser de mes préjugés masculins afin que cet homme ait toute sa place à mes côtés, sans subir mes peurs et mes angoisses.

25

Théo

Aujourd'hui, c'est la réouverture de l'établissement : j'ai hâte d'avoir le retour des clients sur les nouveaux noms donnés aux chambres. Certaines femmes de chambre râlent car pour elles, c'était plus facile de parler avec des numéros qu'avec des noms de villes. Je n'avais pas pensé à ce détail ; pour celles qui travaillent ici depuis vingt ans, le changement n'est pas apprécié. Cependant, je ne leur ai pas laissé le choix, elles s'adapteront. Le restaurant aussi a vu des aménagements : il semble moins grand, puisque j'ai voulu faire un lieu plus intime pour chacun. Certains des serveurs pensent qu'ils devront marcher plus. Pas simple de faire changer les habitudes. Toutefois, je suis resté rassurant et ferme à la fois ; je souhaite de la nouveauté pour dynamiser et si j'écoute tout le monde, alors rien ne bougera.

Ma grand-mère souhaite me voir ce soir en tête à tête, je me demande ce qu'elle va encore m'annoncer. Une fois mon travail fini, je pars chez elle avec un plateau repas, ce sera l'occasion de manger ensemble.

— Coucou Théo, bonne idée de venir avec un plateau repas. Il ne me restait pas grand-chose de notre déjeuner.

— Mamie, je sais bien que tu donnes tout à Julia.

— Oui, bon, d'accord. Elle ne gagne pas beaucoup, et puis le soir, je préfère un peu de fromage et un fruit. Cela me convient très bien.

— Je ne te dis rien, je suis content de savoir que c'est chez Julia plutôt que dans la poubelle. Tu souhaitais me voir ?

— Oui, installons-nous.

Nous partons vers la salle à manger et nous installons face à face. Ce qui m'inquiète, c'est son air sérieux et malicieux. Je n'ai pas trop l'habitude de cette expression. Je me demande ce qu'elle va encore m'inventer. J'espère qu'elle ne va pas me dire que ça ne va plus avec Julia et qu'elle souhaite changer. Non impossible, elle en parle comme si c'était sa petite-fille.

— Comme tu le sais, je vous ai dit que c'était moi qui choisirais le prochain rêve à réaliser.

— Oui, je t'écoute, puisque c'est à mon tour de réaliser celui de Julia.

— Donc voilà, Julia et sa famille sont en froid. Elle a passé Noël toute seule. Je me doutais qu'il y avait quelque chose et j'ai fini par avoir la réponse. Elle a bien voulu se confier. Je ne vais pas rentrer dans les détails, ça reste entre elle et moi. En revanche, j'ai besoin de toi pour la suite. D'où cette idée de changer un peu la règle.

— Et que dois-je faire ?

— Eh bien trouver le numéro de téléphone de sa mère, son adresse, et la convaincre de revoir sa fille afin qu'elles fassent la paix.

— Enfin Mamie, tu te rends compte de ce que tu me demandes !

— Oui, je sais, tu as beaucoup de travail, mais s'il te plaît.

— Ce n'est pas le travail le problème, tu me demandes de m'immiscer dans une famille que je ne connais même pas !

— L'idée, c'est de provoquer une situation qui permettra qu'elles s'expliquent. Julia vit ici depuis bientôt trois ans, et sa maman n'est jamais venue !

— Elle y va chez elle, Julia ?

— Oui, une fois par an pour son anniversaire, mais elle ne doit pas y rester plus de deux heures.

— Ah oui, voilà le défi. Nous partons de loin !

J'ai toujours aimé les défis sportifs, mécaniques ou professionnels, mais les défis familiaux, je n'ai jamais testé, et cela me fait un peu peur. Finalement, ma grand-mère me demande de rentrer dans l'intimité de Julia avec sa mère, sans même lui demander son avis. Elle est drôle, elle. Néanmoins, elle semble touchée par cette absence de communication et certaine que Julia en souffre. Me voilà bien embêté pour la suite. En revanche, l'impression que j'avais eue après Noël se confirme. Je souhaitais savoir ce qu'il y avait, voilà la réponse. Je me souviens de ce moment et je me sens d'autant plus touché qu'il est évident que Julia souffre de cette situation. Elle qui se dévoue pour beaucoup de gens, le fait qu'elle ne communique pas avec sa propre mère me surprend.

— Tu as un plan pour la suite, Mamie ?

— J'ai pensé que lors du repas de vendredi, nous pouvions lui poser des questions, l'air de rien.

— Ah oui, donc en plus je dois mettre Marco dans ton plan !

— Eh bien quoi, il peut aider un peu. Il est très sympa ton copain. D'ailleurs, Julia est allée boire un verre avec lui samedi.

— Ah, d'accord.

— Je te rassure, ce n'était pas prévu, ils se sont retrouvés par hasard en faisant les boutiques. Je crois qu'elle a un faible pour ton copain.

— Je me demande si ce n'est pas réciproque.

— Alors notre plan va être facile si tu le mets dans la confidence.

— D'accord. Pour résumer, il te faut l'adresse et le téléphone de la mère de Julia.

— Oui, tu as tout compris.

Elle est marrante j'ai tout compris, mais je n'ai aucune idée de la manière dont je vais m'y prendre pour me procurer ces informations. Déjà, je ne sais même pas si ses parents étaient mariés. Peut-être que sa mère porte son nom de jeune fille et Julia celui de son père. Voilà déjà par quoi je peux commencer : avoir cette info.

Le repas fini, je récupère Molly et laisse ma grand-mère devant le journal télévisé du soir. Cela ne me manque pas : depuis mes vacances, j'écoute à la va-vite la radio, ça me suffit. Marco a raison : il faut aussi se protéger de ce qui est toxique. Avons-nous idée d'aller embrasser quelqu'un qui a la grippe ? Le malade protège la personne en bonne santé, eh bien pour Marco, si des informations nous paraissent toxiques, c'est à nous de les fuir avant qu'elles ne nous empoisonnent. Sur le moment, je n'avais pas tout compris, puis il m'a proposé de ne pas regarder la télévision pendant trois semaines, juste des bons films, et voir si je me sentais mieux. Il avait raison : depuis, je n'ai plus rien regardé. Même le journal mis à disposition pour les clients ne connaît plus la couleur de mon bureau.

Ce matin, après mon rendez-vous avec un fournisseur, je décide de proposer à Marco de manger ensemble ce soir. Nous nous donnons rendez-vous à dix-neuf heures trente. Je vais pouvoir lui exposer mon plan en toute tranquillité afin de savoir s'il peut être mon complice.

Je salue Célestine et je dépose Molly à mon appartement avant de retrouver Marco devant le restaurant. Je fais au plus vite pour me garer afin qu'il ne finisse pas congelé. Ce mois de février est un peu rude avec ce froid. Vivement les beaux jours.

— Hello Marco, désolé, j'ai fait au plus vite.

— Ne t'excuse pas, je pouvais aussi t'attendre à l'intérieur.

— D'ailleurs, pourquoi tu es resté dehors ?

— Car j'adore regarder les gens qui vont et qui viennent, imaginer leur vie, deviner leurs faiblesses et leurs points forts.

— Tu es étrange quand même !

— Apparemment, c'est typique des hypersensibles.

— Bon, alors, si ça vous est réservé, je ne fais pas partie de votre clan.

Une fois installés, l'apéritif et la suite du menu commandés, Marco m'observe. Cela me gêne, car je ne sais pas s'il me juge ou s'il se demande pourquoi je l'ai invité à la dernière minute en pleine semaine.

— Alors, qu'as-tu à me dire Théo ?

— On ne peut rien te cacher. Comment sais-tu que j'ai quelque chose à te demander ?

— Mon petit doigt. Ce n'est pas ton genre de m'appeler pour aller au resto un mercredi soir. Signe qu'il y a certainement quelque chose d'urgent, surtout que nous allons nous voir vendredi !

— En effet, tu as raison, j'ai quelque chose d'important à te demander. En revanche, si tu ne veux pas, je comprendrai. Ça concerne une idée de ma grand-mère qui est de réconcilier Julia avec sa mère.

— Super nouvelle. Je veux bien connaitre la suite.

Je ne pourrai jamais rien cacher à Marco, il est plus malin que moi. Je lui explique donc le plan de ma grand-mère en précisant que c'est elle qui a pensé à lui. J'en profite pour lui dire que je suis également au courant qu'il a passé un moment avec Julia samedi.

— Donc si j'ai tout compris, vendredi je fais parler Julia afin de savoir où elle vivait avant, avec l'adresse en plus si possible, et si elle a le même nom que sa mère.

— Oui, après, si tu pouvais aussi avoir le téléphone de sa mère…

— Tu rigoles Théo, il ne faut pas abuser.

— C'est pour ma grand-mère.

— Pour cela, il faut fouiller dans son téléphone et c'est hors de question.

— Ok, je comprends. Effectivement, ça va sembler louche.

— L'idée est super, faisons confiance à la vie, elle va nous envoyer le numéro, tout simplement. Et puis selon les infos que nous aurons, nous aviserons pour la suite du plan.

— Tu as raison. Je ne te cache pas que je suis gêné.

— Eh bien moi, non !

— Ah bon. Je pensais que tu allais refuser.

— L'idée d'aider deux personnes à aller mieux car elles ont fait la paix me fait plaisir.

— Vu comme ça.

— Théo, ne te mets pas la pression, parfois le fait de mettre un point final à une relation libère aussi les gens. Prépare-toi aux deux éventualités, mais au moins Julia pourra avancer.

26

Julia

— Hello, les garçons. Vous êtes synchros.

— Oui, nous nous sommes retrouvés au resto, explique Théo.

— Allez-y, entrez. Célestine arrive, elle est au téléphone. J'ai installé la table dans le salon.

Je suis les garçons avec l'apéritif. Je suis contente de revoir Marco et je le trouve toujours aussi séduisant. J'espère que Théo ne va pas me griller, car c'est son copain et comme notre complicité est assez récente, je crains que cela ne lui fasse opérer un demi-tour et qu'il ne redevienne aussi désagréable qu'au début. Cela étant, depuis plusieurs semaines, il semble plus détendu et surtout plus gentil avec tout le monde.

— Bonjour Célestine, déclare Marco.

— Comment allez-vous les garçons ? Je suis contente de vous avoir à nouveau tous les trois ce midi. Julia, tu nous sers un verre ? Car n'oublie pas, tu dois partir plus tôt à ton cours d'équitation.

— La même chose que d'habitude pour tout le monde ?

— Parfait, répondent Marco et Théo ensemble.

Quand j'arrive dans la cuisine, j'ai le sentiment que quelque chose se trame dans mon dos. Théo doit certainement préparer la réalisation d'un de mes rêves. Célestine a changé les règles, donc tout est possible. Néanmoins, depuis le milieu de la semaine, son attitude est différente. Peut-être que je me fais un film, je verrai bien.

Après l'apéritif, nous prenons place à table. Célestine nous installe : je suis à côté de Marco, ce qui me ravit, et Théo est à ma droite. Puis nous commençons l'entrée tranquillement. Marco me félicite sur mes talents de cuisinière car aujourd'hui, pas d'aide de la part de Simon. Ensuite, sans que je m'y attende, il commence à me poser des questions assez inattendues. Célestine connaît une bonne partie des réponses, Théo beaucoup moins, sauf si sa grand-mère lui a fait un rapport journalier, ce dont je doute.

— Julia, dis-moi, tu as toujours vécu en Bretagne ? me demande Marco.

— Non, pas du tout. Je suis de Mayenne.

— Ce n'est pas trop loin.

— Tout dépend pour qui !

— Comment ça ?

— Ma mère et ma sœur vivent là-bas, mais elles ne viennent jamais.

— Et toi, tu y vas ?

— Juste le jour de mon anniversaire et uniquement chez ma mère. J'ai le droit à deux heures de visite, après elle a rendez-vous avec sa meilleure amie, dont le prénom est Télévision ! Tu connais ?

— Non, pas vraiment, je la boycotte.

— Tu as raison, elle ne fait pas que du bien cette copine.

— Et elle vit où ta maman ?

— Dans un petit village qui se nomme Enverron. Tu ne dois pas connaitre, c'est un petit bourg de moins de mille habitants, très joli cela étant.

— Je ne connais pas. Pour être franc, je passe par la Mayenne, mais je ne m'y arrête pas. Tu as toujours vécu là-bas ?

— Eh oui, je suis née dans ce département. Nous sommes à Enverron depuis que j'ai quatre ans, tout le village me connaît !

— Tes parents étaient de là-bas aussi ?

— Non, ils ont acheté la maison quand nous étions petites avec ma sœur. Je reviens, je vais chercher la suite du repas avant que celui-ci ne crame.

En partant dans la cuisine, je me rends compte qu'en effet, il ne fallait pas trop prolonger la conversation, car mon plat a bien chauffé ! Je prends le temps de disposer le bœuf bourguignon avec les pommes de terre et les carottes dans une jolie assiette creuse. Je reviens ensuite avec le plat fumant. Je m'aperçois alors que Théo regarde Marco d'un œil étrange. Je ne sais pas ce que ce regard signifie, mais je sens que ça me concerne. Je commence à servir chacun, puis je m'assois à nouveau.

— Alors ton père ne vit plus avec ta mère ? interroge Marco.

— Il est décédé.

— Ah mince, je ne savais pas.

— Tu ne pouvais pas deviner.

— Si je comprends bien, ta mère vit seule ?

— Oui, avec sa télé !

— Son mari doit lui manquer.

— Ils n'étaient pas mariés, et s'il lui manque, c'est qu'elle n'a aucun goût pour la tranquillité mentale. Mon père n'était pas un homme gentil, ni avec elle ni avec nous.

— Pardon, je ne voulais pas remuer le couteau dans la plaie.

— Célestine dit que si je n'en parle pas simplement, c'est que ce n'est pas digéré. J'ai progressé, dis-je en regardant Célestine.

— Oui ma Julia, tu avances, je suis fière de toi.

Une fois que tout le monde a fini son assiette, je file en cuisine chercher le dessert. Je leur ai préparé une panna cotta hier, elle devrait être parfaite pour ce midi.

Tout le monde déguste son dessert avec bon appétit. Voyant l'heure qui tourne, j'active afin de ne pas être en retard à mon cours. Célestine ne souhaite pas venir, car il fait encore froid et elle convoite sa sieste. Théo et Marco me proposent de m'accompagner. Théo se justifie en me disant qu'il souhaite voir par lui-même si j'ai progressé. Cette annonce me met un peu la pression car tous les deux sont cavaliers et de mon côté, je commence juste à tenir correctement à cheval. J'ai découvert le galop il y a seulement deux séances !

Nous voilà partis, accompagnés de Molly, avec la voiture de Théo en direction du centre équestre. J'annonce au chauffeur que j'ai prévu de finir plus tard ce soir afin de compenser mon absence avec Célestine.

— Tu veux finir vers quelle heure ? me demande Théo.

— Dix-neuf heures, comme ça je peux l'aider pour son repas de ce soir.

— D'accord, ensuite tu es dispo ?

— Euh, pourquoi tu me demandes ça ?

— Eh bien avec Marco, nous allons manger au resto afin de tester la nouvelle disposition de la salle, et pour que je voie si les serveurs trouvent leurs marques. Si tu veux te joindre à nous.

— Avec plaisir, je n'ai rien de prévu.

Au moment où je réponds, j'aperçois les deux copains qui se regardent, complices. Je ressens que l'invitation était déjà envisagée, et le fait que j'annonce que je finirai plus tard doit bien arranger leur petit secret.

Nous voilà au centre équestre. Je vais saluer Olivier qui me dit qu'aujourd'hui je monte Bingo. Comme je ne le connais pas, Olivier m'accompagne pour faire les présentations. Bingo est encore plus grand que Coquelicot. Je suis un peu plus stressée avec les deux garçons qui vont me regarder. Respire Julia, tout va bien, la joie de vivre, la petite fille en action. Et c'est parti ! La séance se déroule parfaitement.

De retour à la maison, je file rejoindre ma Célestine pendant que les garçons vont vaquer à leurs occupations, avec la promesse de nous retrouver tout à l'heure. Célestine semble ravie de l'invitation de Théo et elle me propose de prendre une douche afin de ne pas sentir le poney. Je n'aurais pas osé le lui demander, mais comme elle m'y invite, j'accepte. Elle paraît pressée que j'y aille ; elle a encore un coup de téléphone à passer et visiblement, ça l'arrange que mes oreilles ne traînent pas à côté d'elle. Donc je file me doucher.

Quand je reviens, nous prenons notre thé du soir avant d'entamer un jeu de cartes. Pour une fois c'est moi qui gagne. Aujourd'hui, c'est mon jour de chance ! Même si la mauvaise joueuse râle, je reste heureuse de cette victoire.

Dix-neuf heures arrivent vite. Ma patronne me met presque dehors. Je rejoins Théo et Marco qui sont à l'entrée du restaurant. Alors qu'il est en train de discuter, Marco m'aperçoit et le sourire qu'il m'offre fait monter en moi une sensation agréable. Théo, lui, est en mode patron ! Il y avait longtemps.

— Coucou Julia, déclare Marco. Tout va bien ?

— Oui, parfaitement, je suis contente de jouer les cobayes avec vous ce soir.

— Parfait, allons-y, suivons le chef.

27

Théo

— Bonne soirée Julia, dis-je.

— Merci, bonne soirée à tous les deux. Merci pour cette invitation. J'ai passé une agréable soirée. À lundi.

Je regarde Julia partir en compagnie de Marco, qui souhaitait l'accompagner jusqu'à sa voiture. Une bonne excuse pour rester encore quelques minutes avec elle. Je n'en reviens pas, il a réussi à avoir les informations nécessaires pour contacter la mère de Julia. J'espère qu'elle ne va pas se douter de quelque chose. Pour fêter cela, nous allons boire un verre chez moi.

— Bravo Marco, tu as été très fort sur ce coup-là.

— Uniquement cette fois ? dit-il en rigolant.

— Nous avons de quoi avancer, demain je vais voir ma grand-mère pour lui annoncer la nouvelle. Nous avons son nom de famille, son prénom et son village. Nous devrions trouver son téléphone.

— Oui, et si tu n'y arrives pas, dis-moi, je chercherai de mon côté également.

Samedi à dix heures, j'arrive tout joyeux chez Célestine qui elle, est visiblement en pleine lecture.

— Toi, tu as une bonne nouvelle à m'annoncer, me dit-elle.

— Oui, nous avons eu les informations sur la mère de Julia et figure-toi que Marco m'a envoyé un message : il a même trouvé son téléphone fixe ce matin. Je ne te cache pas que je n'avais pas encore pris le temps de le chercher.

— Magnifique nouvelle, bravo à tous les deux.

— Surtout à Marco, il a cuisiné Julia et je pense qu'elle n'a rien vu venir.

— Le plus dur reste à faire.

— Comment ça ?

— Il faut que tu contactes cette dame et ensuite tu dois la convaincre de venir jusqu'ici.

Quand elle dit ça, je deviens blême et m'écroule dans le fauteuil, sous l'œil sérieux de Célestine. Comment amener une femme à faire deux heures de route pour venir chez des inconnus ? Tout en sachant qu'elle ne souhaite pas la présence de sa propre fille chez elle plus d'une fois par an. Le défi n'est effectivement pas encore gagné. Étant donné que je dois rejoindre Marco tout à l'heure, je vais lui expliquer la suite du plan afin de savoir s'il aurait éventuellement une idée.

Je salue ma grand-mère, puis je pars voir l'équipe du jour pour connaitre leur ressenti sur la nouvelle disposition de la salle. En effet, lors de notre soirée, nous avons évoqué diverses idées pour rendre ce lieu original. Je ne suis pas certain que ce soit bien accueilli, alors autant aller sonder directement les personnes concernées.

— Bonjour Simon, tout va bien ?

— Oui, les produits reçus ce matin sont extra, je vais pouvoir proposer un plat du jour sympathique.

— Parfait alors. Tout le monde est arrivé dans la salle ?

— Je crois, nous y allons ensemble ?

— Avec plaisir.

L'ensemble de l'équipe du jour est là. J'observe un peu les mines : c'est un joli panel entre ceux qui semblent bouder et ceux qui sont impatients de connaitre la suite. À mon avis, je vais devoir marcher sur des œufs si je souhaite obtenir calmement leur accord pour ce changement.

Nous échangeons pendant quarante-cinq minutes ; tout n'est pas gagné, cependant grâce à une idée soumise par Julia, nous avons mis en place une boîte à idées. Chacun peut noter ce qu'il souhaiterait améliorer. Je trouve cela sympathique. Ce qui est possible sera proposé à tout le monde et soumis à un vote. J'espère que la boîte sera remplie de bulletins, cela permettra à chacun de s'impliquer dans son travail. Une fois le débriefing terminé, tout le monde a le sourire. Julia avait raison hier soir : si je ne leur demande pas leur avis au sujet des nouveautés et que j'impose mes idées, ils ne pourront pas adhérer au changement dans une bonne dynamique. Cette boîte, c'est aussi donner la possibilité d'écouter et de se sentir impliqué dans son travail.

Après une pause-déjeuner en compagnie de ma chienne, je file à vélo au parc pour rejoindre Marco. Nous avons décidé de faire une petite rando : puisque le soleil est de retour, autant en profiter et prendre un grand bol d'air. Il y a des années que je n'ai pas sorti mon VTT, cela va nous faire du bien à tous les deux. J'ai toujours été sportif, mais ces dernières années, je n'ai plus pris le temps de pratiquer des activités physiques régulières. D'ailleurs, mon ventre en subit un peu les conséquences. Comme je n'ai pas encore trente ans, je dois vite remettre la machine en route.

— Salut Marco, tu vas bien ?

— Oui, super. C'est parti ?

— Oui, je te suis, mais vas-y tranquille, je n'ai pas ta condition.

— Demain c'est dimanche, tu pourras buller sur ton canapé avec tes courbatures.

— Eh non, demain je travaille.

— Ah bon, mais tu bosses tous les jours !

— Oui, en effet, mais avec un établissement comme le mien, pas simple d'être en week-end le vendredi midi !

— Cale-toi une journée complète de repos, tu vas te dégoûter à force.

— Cela étant, personne ne me réclame à la maison.

— Forcément, comment veux-tu qu'une fille ait envie de s'engager avec toi si tu n'es jamais à la maison ?

— Ça tombe bien, je ne veux pas m'engager.

Cette conversation, nous l'avons eue plusieurs fois, c'est comme si Marco ne l'entendait pas et ne voulait pas y croire. Lui, il cherche une femme pour créer une famille, c'est important pour lui depuis qu'il est jeune. En même temps, il a toujours eu un modèle. Quand je lui expose ma façon de vivre, il n'adhère pas du tout. Sur ce point nous sommes à l'opposé. Après, qui a raison ou qui a tort, chacun a sa vision des choses comme dit Marco, l'important c'est que ça nous convienne à nous-même pour commencer.

Nous pédalons pendant trente minutes dans la campagne sur un rythme soutenable, puis nous décidons de nous poser afin de boire un peu d'eau. Nous sommes sur l'herbe, les vélos à nos pieds.

— C'est quoi la suite du plan avec la mère de Julia ? me demande Marco.

— Accroche-toi, Célestine a décidé que nous devions téléphoner à la mère de Julia pour qu'elle vienne ici afin de faire la surprise à sa fille.

— En effet, vu le portrait que Julia en a fait, cela ne va pas être simple.

— D'autant plus que ma grand-mère souhaite que cette rencontre se passe un vendredi midi, comme ça Julia ne se posera pas de questions s'il y a un couvert de plus.

— Elle a tout prévu, sacrée Célestine.

— Oui, sauf de mettre le plan en place.

— Remarque, ce n'est pas trop compliqué.

— Tu rigoles j'espère. Quand j'entends le descriptif du personnage, je ne vois pas du tout comment m'y prendre pour convaincre la mère de Julia de venir jusqu'à nous, et encore moins pour lui demander de faire quatre heures de route.

— Tu vas la chercher.

— Tu en as des drôles toi, je me pointe chez elle et je lui dis : « Bonjour Madame Raymond, je suis Théo, le petit-fils de la patronne de votre fille, je viens vous chercher car nous mangeons tous ensemble à midi. »

— Je ne m'y prendrais pas tout à fait comme ça, mais tu n'es pas loin.

— Alors, je t'écoute.

Après que Marco m'a expliqué son plan, nous revenons gentiment à notre point de départ. Chacun rentre chez soi, avec un rendez-vous programmé le lendemain à huit heures pour la suite. J'ai comme un doute, pourtant si nous n'essayons pas, la maman de Julia ne viendra jamais. Le but est quand même de provoquer cette rencontre ; il semblerait que ce soit important pour Julia, même si je pense que c'est Célestine la plus impatiente. Cette grand-mère, elle est unique. Heureusement que j'ai écouté sa demande : dans une maison en plein centre-ville, les voisins m'auraient convoqué régulièrement, car elle aurait certainement organisé les réunions de famille pour les autres ! Elle est comme un enfant qui, en maternelle, passe son temps à déconcentrer ses camarades et devant lequel les parents sont démunis !

28

Julia

Depuis quinze jours, je remarque que Théo est plus discret. Je suppose qu'il prépare ma surprise et il semble gêné en ma présence : ça se voit par son attitude, qui est étrange. Cependant, j'aime bien l'idée de ces surprises, donc je ne cherche pas à savoir ce qui s'organise.

Pendant cette période, j'ai eu l'occasion d'aller manger avec Marco et j'ai passé un joli moment. Je me sens bien en sa compagnie : il m'apaise par sa façon de parler et sa vision de la vie. Venant d'un homme, cela me touche encore plus. Il s'entendrait bien avec Mathilde. Mais pour le moment, aucune rencontre n'est au programme, je me le garde juste pour moi. Je ne sais pas s'il en a parlé à Théo, de mon côté je reste discrète.

Me voilà avec Célestine pour faire les courses ; apparemment, nous avons un invité demain midi. Elle a décidé du menu, je me charge de remplir le caddie. Elle a prévu de me guider pour sa recette. Elle semble joyeuse de ce moment, et puis l'arrivée du printemps lui donne des ailes.

Le réveil sonne une heure plus tôt aujourd'hui, car Célestine m'a demandé de venir en avance en ce vendredi matin pour la préparation du repas. Je file à la douche et je m'apprête. Comme Marco sera là, je rajoute un petit plus. D'ailleurs, savoir qu'il sera présent me rend un peu plus joyeuse que d'habitude.

— Bonjour Célestine, dis-je.

— Bonjour Julia, parfait, tu es bien à l'heure. Allons directement en cuisine pour préparer notre menu de fête.

— Je vous suis.

Après deux bonnes heures de cuisine, tout est prêt. Je pars installer la table. Célestine me demande ensuite d'aller chez le fleuriste prendre quelques fleurs. En partant, je m'interroge sur cet invité mystère, qui mérite même des fleurs fraîches ! J'espère que ce n'est pas un ministre !

Je suis de retour, légèrement en retard. J'aperçois la voiture de Marco et celle de Théo. Étonnant, ils viennent toujours à pied depuis l'hôtel. Je me dépêche de rentrer. Je ne pensais pas que la fleuriste allait me garder aussi longtemps. Elle m'a raconté un peu sa vie ; cette femme avait besoin de vider son sac, et forcément ça tombe sur moi, le seul jour où je ne dois pas être en retard !

En entrant chez Célestine, j'entends plusieurs voix. Je m'arrête, car une des voix ne m'est pas inconnue. Sauf que dans cette maison, ce n'est juste pas possible, à moins que nous ayons aussi un sosie vocal. D'ailleurs, je ne me suis jamais posé la question. Je dépose ma veste, puis je vais chercher un vase. J'arrive dans la salle à manger avec mon plus joli sourire. Et en effet, c'est bien la voix de ma mère. Comment est-ce possible ?

— Maman ?

— Bonjour Julia, comment vas-tu ?

— Euh, mais que fais-tu ici ?

— Théo est venu me chercher afin que nous passions un moment ensemble.

— D'accord, j'ai compris ! C'est ça ma surprise ? dis-je sur un ton un peu sec.

— Julia, ne le prends pas mal, déclare Célestine.

— Je ne le prends pas mal, sauf que je ne comprends pas cette mise en scène. Ma mère ne sort jamais de chez elle et ne me téléphone pas non plus ! J'ai droit aux deux heures annuelles aujourd'hui ?

— Assieds-toi, m'ordonne Marco. Nous allons t'expliquer.

— M'expliquer quoi ? J'ai bien compris, vous souhaitiez voir à quoi ressemble ma mère !

— Mais pas du tout Julia ! s'exclame Célestine.

Je dépose le beau bouquet de fleurs un peu sèchement sur la table du salon, puis je m'approche du fauteuil afin de m'y installer ;

ils m'ont même déjà servi un verre. Je ne décolère pas. Je ne veux pas qu'un membre de ma famille entre dans cette nouvelle vie. Ma mère va tout dévoiler et je ne le souhaite pas. D'un autre côté, l'idée de savoir qu'elle a fait l'effort de venir jusqu'ici me touche un peu. Reste à savoir quel est le but. Je risque de vite le découvrir, puisqu'il va falloir qu'elle soit bien à l'heure pour son programme télévisé. Lui n'attend pas, et elle ne souhaitera sans doute pas le rater.

L'ambiance se détend légèrement. Célestine et Théo ont pris en main la conversation avec ma mère. Théo lui explique l'histoire de l'établissement : elle semble s'y intéresser sincèrement. Pendant que j'observe la scène, Marco me souffle à l'oreille :

— Tu nous en veux ?

— Oui, un peu. Mais comment vous l'avez retrouvée ?

— Nous en parlerons un peu plus tard.

— J'ai compris : mon histoire, où je vivais, en fait c'était pour la faire venir ici ?

— Désolé, nous voulions te faire la surprise.

— Les cours d'équitation, c'était plus sympa.

— Ne sois pas fâchée contre elle, tu n'as qu'une maman. C'est éventuellement le moment de faire la paix. Regarde Théo, il n'aura jamais cette chance.

En évoquant Théo, je pense en effet que Marco n'a pas tout à fait tort. C'est peut-être l'occasion de renouer un lien. Quand j'étais petite, ma mère s'occupait beaucoup de nous, nous étions sa priorité, « son bonheur » comme elle disait. Puis, pendant mon adolescence, avec la gestion de la violence, de l'alcoolisme et le départ de mon père, elle a craqué. Et le soir de Noël chez ma sœur, tout a basculé. J'ai été déçue qu'elle ne nous défende pas. Ensuite, cet enfermement volontaire et cette tristesse qu'elle incarne tout le temps me donnent juste envie de fuir. Peut-être qu'elle aussi souffre de notre éloignement. En faisant l'effort de venir, elle souhaite sans doute renouer un peu avec moi, et maintenant qu'elle est là, autant lui laisser une chance. Marco a raison : je n'ai qu'une maman, elle est vivante, et ce n'est pas le cas pour tout le monde. Néanmoins, j'ai du mal à laisser la colère se taire. Trop d'années de souffrance ne s'effacent finalement ni en partant vivre ailleurs, ni en un claquement de doigts.

29

Théo

L'apéritif fini, nous allons dans la salle à manger afin de nous installer. C'est à cet instant que Julia me demande de la rejoindre dans la cuisine pour l'aider à apporter l'entrée. Je me doute qu'elle souhaite une explication sur la présence de sa mère.

— Pourquoi tu l'as ramenée ici, Théo ?

— C'est Célestine qui me l'a demandé.

— Si elle te disait de te jeter d'un pont, tu le ferais ?

— N'exagère pas non plus.

— Ce que vous n'avez pas compris, c'est que je n'ai pas envie que vous connaissiez mon histoire. J'ai encore le droit d'avoir un passé dont je souhaite garder le secret !

— Je comprends, je suis désolé, je ne savais pas que ça allait se passer ainsi. Mais maintenant qu'elle est là, que vas-tu faire ?

— Nous allons manger ensemble, puis elle va rentrer chez elle. Et chacun va retrouver sa vie.

— Dommage : sur ce coup-là, Célestine n'aura pas gagné.

— Gagné quoi ?

— Votre réconciliation.

Comme il semble que la conversation ait pris fin, je retourne m'installer. Voyant comment chacun est disposé, je me place entre Marco et Célestine : cela ne laissera pas d'autre choix à Julia que de s'assoir près de sa mère. Au moins, elles auront l'occasion d'être proches physiquement le temps d'un repas. Pour le reste, je ne peux plus rien faire. Je ne me sens pas bien : en effet, nous n'avons même pas pris le temps de savoir ce que ressentait Julia vis-à-vis de sa maman. Nous lui avons imposé une conversation, un rapprochement pour lequel elle n'est simplement pas prête, et elle ne le sera peut-être jamais.

Le repas se déroule sans accroc. Célestine est au centre des sujets bateau de la vie. Béatrice, la maman de Julia, se détend au fur et à mesure. Cette femme a visiblement beaucoup souffert : ses épaules sont voûtées et elle paraît dix ans de plus. Ses yeux verts ne montrent rien, comme s'il n'y avait plus de vie à l'intérieur. Toutefois j'imagine, au vu de la ressemblance avec sa fille, qu'elle a certainement été une belle femme ; c'est juste la vie qui l'a ternie avec le temps. Julia, elle, ne décolère pas. Discrètement, je demande à Marco d'aller deux minutes dehors avec elle. Il aura peut-être les mots.

— Julia, tu viens ? Nous allons chercher le dessert au restaurant, suggère Marco.

— Oui, avec plaisir, cela me fera prendre un peu l'air.

En effet, elle est toujours fâchée. Une fois qu'ils sont partis, je m'excuse auprès de Béatrice de lui avoir imposé tout ça : le voyage, un repas tendu et le retour qui nous attend.

— Ne sois pas désolé Théo, je me doutais bien que ma fille aurait cette réaction. Elle a beaucoup de caractère. Je pense qu'elle m'en voudra toujours de ne pas avoir su les protéger elle et sa sœur contre un père violent et alcoolique, et de ne pas avoir pris la mesure de leur souffrance au collège puis au lycée. Tout cela les a abîmées toutes les deux. Même dans le village, elles avaient des remarques assassines. J'aimais leur père avec ses défauts, mais je craignais de partir avec mes deux gamines sous le bras, sans rien. J'ai choisi la soi-disant sécurité. Et aujourd'hui, Julia ne me supporte plus. Quant à sa sœur Stéphanie, elle a choisi comme mari un peu le même homme que son père. Julia ne le supporte pas non plus. Suite à sa rupture avec son fiancé Noah, elle a décidé de changer de vie. Ce qui me rassure, c'est de la savoir maintenant bien entourée chez vous. Et puis sa force, qu'elle a depuis toute petite, c'est qu'elle choisit toujours la joie et la vie. Cela me tranquillise, elle s'en sortira. Pour une maman c'est le principal ; même si elle ne souhaite plus être dans ma vie, la savoir bien entourée me soulage. Merci à vous pour ce moment, je vais rentrer chez moi apaisée.

Quand j'écoute le récit de Béatrice, je me dis qu'il est hors de question de les laisser ainsi. Il y a beaucoup d'amour entre elles. C'est juste qu'à un moment donné, elles n'ont certainement pas su communiquer comme il aurait fallu. Donc chacune reste sur ses positions.

Je vois par la fenêtre Marco et Julia revenir tout sourire, c'est qu'il a manifestement réussi à la détendre. Il a ce charisme qui agit sur toutes les personnes qu'il rencontre. Julia paraît y être encore plus sensible, et cette attirance est réciproque. D'ailleurs à les voir côte à côte, je m'amuse à penser qu'ils font un joli duo. Mais pour ce qui est de la suite de leur histoire, ce n'est pas à moi de l'écrire, car c'est la leur.

— Voilà le dessert, annonce Marco.

— Il a bien failli ne pas arriver jusqu'ici, déclare Julia.

— Arrête, c'est toi qui as deux mains gauches !

— Pas du tout, je te demande si c'est bon avec un ton qui se veut être une question et tu réponds « oui », donc j'ai lâché.

— Heureusement, j'ai de bons réflexes, sinon c'était charlotte en bouillie. Simon a eu peur en nous voyant partir avec son gâteau qu'il a pris le temps de faire hier !

Cette anecdote, qui n'appartient qu'à eux, a le mérite d'avoir détendu tout le monde. Chacun rigole en imaginant la scène, et je retrouve bien l'air de Julia avec son joli sourire et son rire communicatif. Puis, nous dégustons cette bonne charlotte poire chocolat, dans laquelle on sent bien la touche de Simon. Il a un vrai talent cet homme.

Le repas fini, je ne sais pas comment me positionner. Je dois ramener Béatrice chez elle. Mais nous avions aussi, elle et moi, établi un plan B, à savoir que si tout va bien, elle aura une chambre à l'hôtel qui lui est réservée pour le week-end. J'ai mis Marco dans la confidence, il saura peut-être mettre en avant chacune des options. Au vu de l'attitude de sa fille, cette pauvre maman doit se demander quoi faire. Rentrer ce soir, c'est accepter de laisser ce froid sans explication. Rester une nuit, c'est se donner une chance. Passer tout le week-end ici signifiera peut-être la réconciliation. De mon côté j'ai tout prévu, pour chaque option. Malgré cela, je ne suis pas maitre de la suite, ce sera à Julia de choisir. Cela étant, elle ne risque pas de décider quoi que ce soit puisqu'elle ne sait rien. Mais sans m'y attendre, c'est Béatrice qui prend elle-même les devants.

— Théo, c'est toujours possible de rester dormir à l'hôtel cette nuit ?

— Bien sûr, j'ai réservé la chambre New York pour les deux nuits. Vous me dites juste quand vous souhaitez rentrer chez vous, je serai votre homme.

Je vois le visage de Julia qui se défait : elle est prise entre deux sentiments semble-t-il. Les larmes qui entourent ses yeux laissent penser qu'elle est touchée. Néanmoins, le bas de son visage se crispe davantage. Je ne sais pas comment interpréter ces émotions opposées, je ne la connais pas encore assez.

— Tu veux rester dormir ici, maman ? Mais comment vas-tu faire ? Tu ne vas pas pouvoir regarder ta meilleure amie.

— Julia, si je suis comme cela, c'est que je suis en dépression et je me fais suivre. Alors si juste ce soir, je sors de mes schémas qui ne se veulent pas intéressants mais rassurants, j'aurai le sentiment d'une petite victoire. Donc oui, ce soir, je vais sortir de ma routine afin peut-être de voir un peu le bout du tunnel.

— Désolée, je ne savais pas.

— Ne sois pas désolée, personne ne dit qu'il est dépressif.

— À ses enfants peut-être.

— Je crois que je vous ai fait assez souffrir pendant votre adolescence, il y avait en plus le décès de votre père. Afin de ne pas gâcher votre vie en construction, j'ai choisi de ne pas vous imposer cette maladie, car contrairement à ce que tu penses par moment, je vous aime très fort.

J'observe Julia, qui à cette annonce pleure franchement. Elle se lève, va prendre sa mère dans ses bras et lui demande pardon. Célestine, elle aussi, pleure de les voir. Quant à Marco et moi-même, nous décidons de débarrasser la table et de nous faire discrets. Lorsque nous revenons dans le salon, nous remarquons que Célestine, elle aussi, est partie. Nous regardons la mère et la fille. Puis nous décidons de nous retirer, car elles ont des choses à se dire et c'est de l'ordre de leur intimité.

Bravo Célestine : elle aura, j'espère, réussi à atteindre l'objectif de cette rencontre. De mon côté je remercie Marco, sans qui cela n'aurait pas été possible, puis j'attrape la laisse de Molly pour aller la promener. En faisant le tour de l'étang, je me sens heureux d'avoir contribué à ce moment ; j'espère qu'il soulagera ces belles personnes. Personnellement, je n'aurai pas cette chance, mais l'offrir aux autres me rend heureux.

30

Julia

— Désolée maman, je n'avais pas pris conscience de tout ça. Je suis restée centrée sur mes propres souffrances et j'ai fui.

— Ce n'est pas de ta faute Julia, tu as eu raison. Tu as une belle vie à construire.

— Pour le moment, la construction n'est pas des plus solides.

— Tu vas y arriver, tu as de la ressource et c'est peut-être le moment de t'aider un peu. Le fait de connaitre toute l'histoire sur quelque chose nous permet de la tolérer un peu mieux, c'est le conseil de mon psy. Il m'a demandé de tout vous raconter quand je serai prête, sachant que Stéphanie et toi êtes différentes. Ce qui va te toucher ne touchera peut-être pas ta sœur. Cependant, l'idée de vous dire la vérité sur les réactions et les difficultés de votre père peut aussi vous aider à comprendre vos faiblesses, et de mon côté me libérer d'un poids.

Je saisis à cet instant que ma mère est venue pour me soulager. À travers cette action, elle s'aide aussi certainement. Parfois, aller dans l'ombre voir les noirceurs permet peut-être de savoir où se trouve l'interrupteur pour revenir dans la lumière. Je décide à ce moment de me poser auprès d'elle et de l'écouter. Elle en a besoin c'est certain, mais moi aussi sûrement. Célestine n'a pas mis ce plan en marche sans raison. De par sa sagesse, elle sait que les pansements que l'on se colle cachent des cicatrices que nous n'effaçons jamais vraiment. Je suis jeune et j'ai beaucoup à faire : c'est sans doute la période idéale pour comprendre qu'il faut avancer et arrêter de se convaincre que tout va bien.

— Très bien, je t'écoute maman. Veux-tu que nous allions dans ta chambre à l'hôtel ? Je ne voudrais pas que Célestine ne se sente plus chez elle pour préserver notre intimité.

— Oui, c'est une bonne idée.

— Entendu, je vais lui laisser un mot dans la cuisine pour qu'en cas de besoin, elle sache où me trouver. Je travaille pour elle tout de même.

En partant vers l'hôtel, nous croisons Théo et Marco. Je leur explique que je vais avec ma mère jusqu'à sa chambre prendre le temps de discuter. Je signale également que j'ai prévenu Célestine, et qu'elle peut me joindre quand elle le souhaite.

— Prenez votre temps, nous dit Théo. Je vais rester avec Célestine. Elle voulait que je l'accompagne pour faire une course.

— Merci beaucoup.

Je jette un coup d'œil à Marco, qui me regarde avec tendresse. Cela me touche profondément.

Ma mère et moi pénétrons dans le hall, et Pauline me donne la clé de la chambre New York. Comme je connais un peu mieux l'établissement, je pars devant, puis nous arrivons dans cette belle chambre spacieuse. Je lui fais faire le tour ; une grande corbeille de fruits l'attend. Quand elle voit la salle de bains, elle semble avoir envie de profiter de la baignoire. Chez elle, il n'y a qu'une douche. Ce week-end a aussi été organisé pour son bien-être, et c'est l'occasion pour elle de se détendre. Une enveloppe est posée sur la commode, je la lui donne. En observant ma mère lire la carte, je vois apparaitre sur son visage un joli sourire que je n'avais pas vu depuis de nombreuses années.

— Julia, c'est une invitation pour une séance au spa avec, si je le souhaite, un massage de trente minutes.

— Super, j'espère bien que tu vas en profiter.

— C'est gênant tout de même.

— Ne t'inquiète pas, c'est dans la formule de certaines chambres.

— Enfin bon, je n'ai rien payé. C'est ton ami qui m'invite.

— C'est parfait, il sera heureux de savoir que tu as profité de l'ensemble du pack. Théo est généreux.

— Je préfère que tu lui demandes avant, si tu veux bien.

— Promis, je le ferai, même si je connais déjà la réponse. J'irai avec toi voir Pauline pour réserver un créneau demain.

Une fois le tour de la chambre fait, ma mère me demande de m'installer en face d'elle afin que nous ayons enfin cette conversation. Je lui laisse prendre le temps de respirer, de regarder dehors. Je me doute que cela ne va pas être simple pour elle d'évoquer certaines périodes de nos vies. Elle décide de se lancer, en me demandant de ne pas la couper. Elle m'explique qu'elle va commencer par le tout début, c'est-à-dire sa rencontre avec mon père. Je suis impatiente et à la fois anxieuse de ce que je vais découvrir. Cette conversation, je ne l'ai jamais eue et je n'ai jamais cherché à l'avoir. Peut-être que je vais apprendre de nouvelles choses.

— Quand nous nous sommes rencontrés ton père et moi, nous vivions une histoire d'amour fusionnelle. Nous venions de finir nos études, l'avenir nous tendait les bras. Très vite, Stéphanie est arrivée pour sceller cette union. Sa naissance a certes un peu bouleversé notre quotidien, car de duo, nous passions à trio. Ton père était très présent auprès de sa fille. L'année suivante, nous avions comme projet d'acheter une maison. Pour cela, nous mettions de l'argent de côté, même si nous n'avions pas de gros revenus. Nous vivions de peu ; notre amour nous suffisait finalement. Puis tu es venue agrandir la famille. Je ne te cache pas que ton père aurait bien aimé un garçon. Mais tu as su t'imposer avec ton caractère et surtout ta joie de vivre. Tu souriais tout le temps, contrairement à ta sœur qui paraissait toujours un peu triste. Quand je te regardais, j'avais le sentiment, à travers tes yeux, que pour toi la vie était simple et surtout très belle.

« Nous avions enfin réuni la somme pour avoir notre emprunt et rechercher la maison idéale pour nous quatre, quand tout a basculé. Ton père s'est fait licencier de son entreprise. Au début, il n'a pas baissé les bras : il cherchait activement un nouvel emploi. Voyant que c'était compliqué où nous vivions, nous avons décidé de nous installer dans le village de ton enfance. Nous étions locataires. J'avais gardé cette habitude de mettre de côté pour notre maison à nous. Par la suite, ton père a trouvé ce travail dans ce garage. Les voitures, ce n'était pas sa grande passion, mais nous avions besoin de manger. De mon côté, j'ai vite retrouvé un emploi compatible avec vos jeunes âges. Je me suis dit, à l'époque, que tout allait bien. Ensuite, nous avons enfin acheté notre maison. Cela aurait dû rendre ton père plus heureux, mais il ne se remettait pas de son licenciement, injuste pour lui. Il avait également perdu confiance, car il avait eu très peur pour nous. Puis les mois ont passé en douceur. Vous grandissiez très bien. Mais, en fin d'année, il est tombé au travail. Il a été hospitalisé pour des fractures au tibia et au péroné. Nous avons passé Noël toutes les trois, car lui était resté à l'hôpital. À son retour, ses yeux n'ont plus jamais brillé. Il est devenu agressif avec nous. Sur le coup, j'ai pensé que c'étaient la douleur et l'immobilisation qui le rendaient comme ça.

— Je me souviens vaguement de cette période.

— Ça ne me surprend pas, tu étais sensible. Puis, au moment de reprendre son travail, ton père s'est rendu compte que ses capacités physiques le limitaient et il a basculé. Au lieu de rentrer le soir, il allait au bar avec ses nouveaux amis, rentrait tard et très souvent saoul. De mon côté, je devais m'occuper de vous, de la maison, des courses, j'avais mon travail et cette angoisse. Par la suite, rien ne s'est arrangé. Quand tu étais adolescente, il s'en prenait beaucoup à toi ma chérie ; je m'excuse de ne pas t'avoir assez défendue mais j'étais épuisée de me battre depuis tant d'années. Mon objectif était de bien vous élever et de vous payer vos études afin que je m'assure que par votre métier, vous ne finiriez jamais sous les ponts. J'aurais préféré vous donner plus, malheureusement je ne pouvais vous offrir que ça. Pour Stéphanie, avec ses études de coiffeuse, c'est allé assez vite je dois dire.

« Et puis voilà, un matin, peu de temps avant ton bac, je me suis réveillée près de l'homme de ma vie, mais il n'était plus de ce monde. J'ai éprouvé deux sentiments à ce moment-là : d'une part, j'étais extrêmement triste d'avoir perdu l'homme que j'avais toujours aimé, et d'autre part, j'étais déçue du père qu'il était devenu. Quand je pensais à toi, je voulais que ses remarques assassines et sa violence verbale, qui te touchaient tellement, cessent. J'ai toujours craint que cela ne te détruise et j'avais peur de perdre ma petite fille joyeuse.

— Alors, son départ a été difficile pour toi finalement ?

— Bien évidemment ; tu sais, quand une personne a compté pour toi, ce n'est jamais terminé, elle comptera toujours.

— Pourquoi nous avoir laissé penser que tu étais triste alors qu'il y avait aussi un certain soulagement ?

— C'est ton interprétation, ma Julia.

À l'écouter, oui elle a raison. Je préférais croire que ma mère était soulagée du départ de mon père, à cause de la vie qu'il nous avait fait mener, que d'admettre sa détresse. Elle ne m'avait jamais dit que c'était l'amour de sa vie. J'aurais dû le voir, car finalement elle est restée jusqu'au bout. La voilà maintenant seule : je culpabilise. Mais ma colère et mon déni avaient pris le dessus.

— Pourquoi tu n'as rien dit quand je te faisais des reproches ?

— Tu souffrais et moi aussi. Et puis quand on vit autant d'années dans le silence, on finit par s'y habituer, et il devient normal quelle que soit la situation.

— Ce que tu viens de me raconter me fait du bien : finalement, mon père n'était pas qu'un mauvais type ni toi une faible.

— Non, il ne l'était pas. Parfois, la vie nous envoie des épreuves et nous n'avons pas tous la force de les surmonter. Chaque individu est différent. Venant de toi, ce point de vue ne me choque pas, car tu es l'opposé de tes parents. Je te remercie parce que c'est ta joie de vivre qui m'a donné la force de continuer d'y croire. Je te promets Julia, j'ai cru jusqu'à son dernier souffle qu'il redeviendrait le bel homme que j'avais connu et aimé. C'est pourquoi je m'enferme chez moi : je veux que personne ne salisse l'homme qu'il était à mes yeux. Je suis persuadée que si nous avons la chance de nous retrouver là-haut, j'aurai en face de moi mon amour du début. Tu sais ma chérie, je te souhaite de tout cœur de connaitre cet amour-là. C'est pour cela que je ne suis jamais partie. Il m'était impossible d'imaginer que je puisse vivre une histoire d'amour avec un autre homme que ton père.

Je prends alors conscience qu'en effet, on ne peut pas réellement savoir ce que représente une personne aux yeux des autres. Je me sens soulagée, car c'est certainement plus facile d'expliquer que mon père a sombré dans l'alcoolisme après plusieurs échecs que de dire qu'il n'a pas su gérer, et de penser que ce n'était pas une belle personne. Alors oui, aujourd'hui il va être impossible de réparer ce qui a été cassé, cependant je peux adoucir ma façon de penser à lui. Il mérite peut-être plus d'empathie de ma part. Et je me rends compte que l'amour d'une mère est d'une puissance extrême. Je ne sais pas si j'aurais été capable de faire ce que la mienne a fait pour nous. En revanche, elle restera un bel exemple.

31

Théo

Après que Julia et moi avons ramené Béatrice chez elle, je retrouve mon appartement avec plaisir ; il faut dire que ces trois jours ont été intenses en émotions. Sur le chemin du retour, Julia, qui est passée du doute à la joie des retrouvailles, m'a tout raconté de sa conversation avec sa mère. Personnellement, je suis heureux de retrouver un peu de calme et mes habitudes pour souffler un peu.

Célestine avait raison : cette rencontre était importante pour Béatrice et sa fille. Julia va pouvoir avancer en portant certainement un regard nouveau et différent sur les choses. Ce moment m'a donné envie d'en savoir plus sur ma propre enfance. Célestine ne sera pas éternelle, c'est sans doute le bon moment pour lui poser des questions auxquelles je ne réfléchissais pas avant.

Lundi matin est déjà là avec ses habitudes, mais étrangement, je ne le vis plus aussi mal qu'avant. J'ose prendre de nouvelles initiatives et curieusement, j'ai beaucoup moins de soucis de personnel, de pannes ou autres, qui me mettaient souvent de mauvais poil. Peut-être que tout simplement, comme je vis maintenant le lundi matin de manière plus légère, ces contraintes me semblent moins lourdes, même si elles sont toujours aussi nombreuses. Marco dit que l'état d'esprit change notre quotidien. Ce qui nous semble une montagne quand nous allons mal peut juste être une colline quand nous sommes en forme. Je ne sais pas si sa théorie est réelle, mais je suis forcé d'admettre que ça y ressemble. Cette rencontre avec Marco a été l'élément déclencheur de mon mieux-être.

Ce soir, je mange avec ma grand-mère et nous nous sommes mis d'accord : je peux lui poser toutes les questions importantes me concernant. D'ailleurs en bon élève, je les ai notées afin de ne rien oublier. Selon le cours de la conversation, de nouvelles interrogations pourront émerger. Célestine semblait tellement heureuse de cette demande.

— Hello Mamie, je suis arrivé.

— Entre Théo, je finis d'installer la table dans la cuisine.

Quand nous sommes tous les deux, c'est toujours dans cette pièce que nous mangeons. Ça me rappelle mon enfance, qui par la force des choses est la période où j'ai grandi avec Célestine. Mon grand-père était plus absent, pris par son travail, mais je pense que la perte de son fils unique l'avait détruit. Il s'était caché derrière ce restaurant, sans doute pour ne pas trop y penser. Comment lui en vouloir ? Ma grand-mère, d'un tempérament plus vivant, s'est beaucoup occupée de moi. Je devais aussi combler ce vide, même si élever un enfant à cinquante ans passés ne doit pas toujours être très simple. Ce n'est pas un âge pour cela. Ma grand-mère a tout de même fait face et ne m'a jamais fait ressentir que ma présence était contraignante. Bien au contraire, elle a eu le sentiment de redevenir mère, comme elle me le disait parfois. Cependant, elle a toujours entretenu le souvenir de ma vraie maman en parlant d'elle et en laissant ses photos bien en évidence dans ma chambre.

— Je suis contente que tu aies des questions à me poser. Je n'ai jamais voulu te les imposer. Toutefois, je pense que l'expérience de Julia t'a donné envie d'en savoir un peu plus sur tes parents.

— En effet, tu as complètement raison. En me demandant d'offrir ce cadeau à Julia, tu as réveillé en moi cette envie.

— Alors me voilà ravie. Je t'écoute, je ne répondrai qu'à celles que tu me poses et du mieux que je peux.

— Papa et maman se sont rencontrés comment ?

— Comme tu le sais, ton père était pharmacien et ta mère est venue un jour acheter des médicaments. Ça a été le coup de foudre. Rose n'était pas de la région, tu t'en souviens, elle vivait près de Lyon. Elle était ici juste pour des vacances et elle n'est jamais rentrée.

— Comment a-t-il fait pour la séduire derrière un comptoir ?

— Si ma mémoire est bonne, c'est lui qui l'a servie. Ils ont entamé une conversation basique, et comme il était presque midi, il l'a invitée à déjeuner.

— C'est incroyable : de nos jours ça paraît impossible.

— C'est parce que tu penses que c'est impossible que ça l'est. Vous préférez séduire avec vos téléphones. Cela enlève tout le charme.

— Et ensuite ?

— Rose, ta maman, est venue s'installer chez lui. Comme tu le sais, elle était artiste peintre. Donc son métier, elle pouvait le pratiquer partout. Puis très vite elle est tombée enceinte. Ton père a toujours eu la folie des grandeurs et il était fou amoureux de ta maman. Ils ont donc acheté cette immense maison dans laquelle tu es né afin que Rose ait de la place pour ses œuvres, et pour que toi tu puisses avoir une salle de jeux en plus de ta chambre.

En évoquant cette maison, je me revois jouer dans cette grande salle. Il y en avait partout. J'allais parfois voir les peintures de ma mère, mais cela ne me passionnait pas vraiment. J'étais un vrai garçon mordu de voitures. Ma mère pouvait rester des heures dans cette pièce qui avait une belle vue sur la mer et de grandes baies vitrées qui lui permettaient de travailler avec la lumière naturelle. Elle avait toujours un foulard sur la tête pour protéger ses beaux cheveux blonds. Passionnée aussi de photo, il y avait des portraits partout. Elle préférait le noir et blanc. D'ailleurs, certaines de ses photos sont exposées au restaurant. Ma mère possédait un joli talent.

— Ils étaient heureux ensemble ?

— Oui, jusqu'à tes neuf ans tout allait bien : Rose était heureuse de te voir grandir, et ton père, lui, était comblé de vous avoir. Il travaillait beaucoup. Les chiens ne font pas des chats. Cependant, j'ai toujours vu les yeux de mon fils briller quand il regardait sa femme.

— Pourquoi jusqu'à mes neuf ans ?

— Voilà la partie la plus délicate de l'histoire. Cela va sans doute te remuer. Mais comme il est assez tard, est-ce que tu acceptes de revenir demain, après le départ de Julia, afin que je t'explique la suite ? De mon côté, je fatigue un peu.

— D'accord…

— Tu ne m'en veux pas ?

— Non, ne t'inquiète pas, passe une bonne nuit et à demain.

J'embrasse ma grand-mère, je récupère Molly qui a commencé sa nuit dans son panier, puis je rentre chez moi avec un million de questions en tête. J'espère que la suite ne va pas trop me déstabiliser.

Une fois chez moi, je cherche dans des tiroirs mes albums photos afin de replonger dans cette période de ma vie où j'avais encore mes parents. En effet, notre maison était très grande. Mes grands-parents et moi avons dû nous en séparer après le décès de mes parents. J'ai touché l'argent à mes dix-huit ans. Au vu de ma situation, je me suis juste offert le permis et un voyage au Canada. Le reste dort sur un compte en banque pour l'achat d'une future maison.

Puis, voyant l'heure et mes yeux criant « au lit », je me lève et je rejoins ma chambre. Je ne sais pas si je vais réussir à bien dormir. Toutefois, je sens qu'il est important pour Célestine et moi d'avoir cette conversation.

32

Julia

Nous voilà déjà mardi. Après ce moment avec ma mère, je reste sur un petit nuage. Nous n'avions jamais eu l'occasion de passer un moment fusionnel toutes les deux : restaurant, spa, balade à la mer. Je ne remercierai jamais assez Théo pour sa gentillesse. Faire vivre à ma mère des instants comme ceux-ci m'a aussi fait du bien, car elle s'est toujours privée de tout pour ma sœur et moi. Je repense à mon père qu'elle aura tant attendu. Je me demande comment il est possible d'aimer à ce point une personne et d'espérer jusqu'au bout qu'il redevienne celui que l'on a toujours aimé. L'amour reste la plus belle force, cependant il peut être cruel. Je suis heureuse d'avoir participé à lui offrir ce moment de bonheur et de l'avoir peut-être aidée à guérir juste un peu.

Nous nous sommes déjà téléphoné hier soir, elle ne cessait de me dire merci. C'était touchant. Nous devons nous voir le mois prochain : je vais passer deux jours chez elle. De son côté, elle va proposer à Stéphanie de nous rejoindre avec ses filles. Cependant, j'ai imposé ce moment avec ma sœur sans son mari. Je ne veux pas qu'il soit entre nous. Ma mère comprend, je verrai bien si ma sœur est capable de venir sans lui.

J'arrive au travail. Hier, la journée était placée sous le thème « papotage », car Célestine voulait tout savoir. Elle semblait tellement heureuse pour moi. C'était vraiment touchant. C'est bientôt son anniversaire, ça va être l'occasion pour moi de la gâter pour la remercier. Sans elle, je n'aurais jamais eu ce moment, et surtout cette conversation avec ma mère. Je ressens comme un poids qui a disparu. J'ai même pris le temps d'aller voir la tombe de mon père. J'ai pleuré aussi ; finalement, les larmes servent aussi à nettoyer. J'ai eu le sentiment de pleurer un papa pour la première fois. Je sais que je ne rattraperai pas l'histoire, en revanche, je lui en veux moins. J'ai même de la peine pour lui. Une vie gâchée, car il n'a pas trouvé la force de surmonter les épreuves. Après, je ne sais pas ce que le destin a prévu pour moi, mais je dois me servir de cet exemple pour l'affronter quoi qu'il arrive, et surtout, préserver ceux que j'aime le plus dans la vie. Bon, pour le moment je n'ai ni conjoint ni enfants, donc pas de stress !

— Alors ma Julia, comment vas-tu ?

— Très bien, mais vous, vous avez une petite mine ce matin !

— Ah, ça se voit tant que ça !

— Que se passe-t-il ?

— Théo est passé hier soir et il revient ce soir pour connaitre la suite de l'histoire de son enfance.

— Vous n'êtes pas contente ? Depuis le temps que vous vouliez lui en parler. D'ailleurs, je vous soupçonne d'avoir vu mon cadeau comme l'occasion pour lui de souhaiter en savoir plus.

— Tu soupçonnes bien. En effet, j'attends ce moment depuis tellement longtemps que j'appréhende.

— Tout va bien se passer, Théo a beaucoup changé.

— Sauf que la fin de vie de ses parents va être violente pour lui.

À ces mots, je n'insiste pas, c'est leur histoire. Théo m'en parlera s'il souhaite la partager. Je propose à Célestine un jeu de cartes, qu'elle accepte volontiers. Nous voilà installées toutes les deux pour notre moment de détente. Tout au long de la partie, j'observe Célestine : elle n'est vraiment pas dedans car elle ne râle pas une seule fois, elle qui est mauvaise joueuse. Je ressens que l'heure est grave et qu'en effet, ce qu'elle doit annoncer à Théo va sans doute être un moment douloureux pour l'un comme pour l'autre. Toutefois, je reste persuadée que demain elle se sentira mieux. J'en ai fait l'expérience on ne peut plus récemment.

Après notre repas du midi et la sieste de Célestine, nous partons pour la plage. Le printemps commence à se faire sentir et l'envie de sortir pour une balade en bord de mer nous motive. Nous prenons tout de même une écharpe et un blouson chaud. Molly va nous accompagner, j'attrape sa balle afin de jouer avec elle. Célestine m'oblige à prendre aussi une serviette afin que la chienne ne mette pas du sable partout sur les sièges. Elle me fait rire avec sa voiture : elle ne l'entretient pas, ne la conduit plus, mais pense à tout pour la garder la plus propre possible.

Je suis heureuse de retrouver cette odeur iodée, ce vent qui frappe avec douceur mes joues et cette sensation que mes poumons se remplissent de bien-être. J'ai toujours vécu loin de la mer et quand je suis arrivée ici, c'était aussi un choix de vivre près d'elle. Depuis toute petite j'aime l'eau. Comme je n'avais plus rien qui me retenait nulle part, j'avais le choix et je suis ravie d'avoir fait celui-ci. Si je regarde en arrière, je me dis que tout s'est bien aligné. En effet, deux heures de route pour aller chez ma mère, ce n'est pas le bout du monde finalement, mais c'est suffisamment loin pour m'en sentir détachée. Je peux profiter de ce décor qui me comble chaque jour. Puis, il y a eu la rencontre avec Célestine, Théo et tous mes amis. Je me sens chez moi ici, je ne pense pas pouvoir rentrer un jour. J'ai envie d'y laisser un bout de moi. Peut-être que dans le futur, je pourrai m'offrir une petite maison et veiller à faire de ce lieu un joli endroit pour que les suivants en profitent. Finalement, nous sommes tous locataires sur terre pour une courte durée, alors autant y laisser ce qu'il y a de mieux pour les prochains.

— Vous n'avez pas froid Célestine ?

— Non, merci, je suis tellement contente de retrouver ce lieu, signe que l'hiver s'en va et qu'il va donner sa place à la belle saison et aux touristes.

— Vous êtes contente d'avoir des touristes ?

— Oui, cela me rappelle l'époque où nous travaillions à l'hôtel, c'était un joli signe. Comme je voyageais peu, j'aimais bien rencontrer de nouvelles personnes qui me parlaient de leurs lieux de vie : j'avais le sentiment de découvrir le monde.

— Peut-être que nous allons retrouver nos Marseillais cette année ?

— Si ma mémoire est bonne, ils font un tour de France et cette année, c'était l'Alsace.

— Eh bien, tant pis.

— Nous ferons d'autres connaissances.

Arrivées au bout de la plage, nous entamons un demi-tour. Molly, elle, semble s'amuser entre l'envie d'aller dans l'eau et son côté princesse qui doit lui faire ressentir que l'eau est trop fraîche pour Mademoiselle ! Elle est vraiment sympa cette chienne et elle nous le montre bien par l'attachement qu'elle nous porte.

Nous voilà de retour, accueillies par la chaleur agréable de la maison. Je nous prépare un chocolat chaud, puis nous nous installons pour le déguster dans le salon. Je vois que Célestine se tend de plus en plus.

— Ça va bien se passer avec Théo, ne vous inquiétez pas.

— Le souci, c'est comment aborder le sujet sans qu'il imagine une seconde que ses parents ne l'aimaient pas.

— En même temps, il le sait déjà. Après, un accident de voiture, c'est soudain.

— Oui c'est vrai, mais il n'a pas eu toute la vérité.

— Ah, désolée. Je ne veux pas que vous pensiez que je minimise la chose.

— Je sais bien Julia, ta sensibilité ne te le permettrait pas.

— Écoutez votre cœur, vous saurez trouver les mots justes.

— Oui, je vais faire de mon mieux. À l'époque, nous avions fait le choix, mon mari et moi, de ne pas lui en parler. Il n'avait que dix ans ; puis il a eu dix-huit ans, et je n'ai pas non plus eu le courage. Maintenant je m'en veux, car il a le droit de connaitre le côté obscur de cette affaire.

— Ils étaient saouls ?

— Non voyons, mon fils ne buvait pas une goutte.

Je comprends à ce moment-là qu'il doit y avoir un secret bien caché depuis de nombreuses années. Ne voulant pas en savoir davantage afin de ne pas entrer dans leur intimité, je commence à débarrasser la table. Après avoir fini mes tâches du soir, je salue Célestine.

— Faites pour le mieux. Théo vous aime, il ne vous en voudra pas. Sur le coup, il va peut-être vous faire penser cela, mais c'est impossible, il vous aime beaucoup trop pour ça.

— Merci Julia. À demain, passe une belle soirée.

En sortant, je tombe sur Théo, qui est en avance pour le rendez-vous. Nous échangeons sur la journée et prenons des nouvelles de chacun. Je me dirige ensuite vers ma voiture. Néanmoins, au moment de monter, je préfère le mettre en garde à ma façon.

— Tu sais Théo, parfois ceux qui nous aiment le plus nous cachent la vérité car elle est insupportable à dire. Voir quelqu'un malheureux peut être insoutenable, en particulier ceux pour qui nous serions capables de donner notre vie. Et en aucun cas nous ne voulons délibérément leur faire du mal.

Je ne veux pas lui laisser le temps de répondre, alors je monte dans ma voiture et je démarre. Je suis prise entre deux émotions opposées : d'une part je suis inquiète pour Célestine et Théo, d'autre part je suis heureuse de savoir que j'ai rendez-vous avec Marco.

33

Théo

Je pénètre dans la maison et en voyant ma grand-mère, je ressens que l'heure est grave. Je ne l'ai jamais vue avec un visage aussi fermé et rempli de tristesse. Je me doute bien que ce qu'elle s'apprête à m'annoncer va sans doute me surprendre, voire me mettre en colère. Après, je ne dois pas oublier que c'est une femme de soixante-seize ans qui, en perdant mon père, a perdu son fils. Et surtout, elle a fait office de maman par la force des choses. La remarque de Julia résonne encore. Je ne sais pas si elle a évoqué le sujet de ce soir avec ma grand-mère, mais je dois garder en tête que ceux qui nous aiment le plus sont parfois obligés de nous cacher des vérités afin de nous préserver. Je ne dois à aucun moment douter de cet amour que Célestine me porte.

J'embrasse ma grand-mère et je m'installe au bord du fauteuil ; Molly est arrivée entre-temps et s'est posée à mes pieds. Un silence règne, mon cœur bat plus fort. Je sais au plus profond de moi qu'en sortant de cette maison, je ne serai plus jamais le même.

— Théo, comme promis hier, je vais te raconter la vérité sur l'accident de tes parents. Mais je veux que tu saches qu'avec ton grand-père, nous avions fait le choix de nous taire car tu étais trop petit. Nous avions prévu de t'en parler quand tu deviendrais adulte. Puis, je me suis retrouvée seule et je n'ai pas eu le courage. Ce moment entre Julia et sa maman m'a fait prendre conscience que je devais te raconter l'histoire de tes parents, car c'est la tienne. De plus, tu m'as invitée à le faire. Alors je me suis convaincue que c'était le bon moment. Cela te permettra peut-être de mieux avancer dans ta vie. Je reste persuadée qu'au fond de toi, tu sais que je ne t'ai pas tout dit.

— Je t'écoute Mamie, je pense que tu as raison. Il me manque quelque chose et c'est sans doute pourquoi je bloque dans certains domaines comme l'amour.

— Nous sommes d'accord. Je vais reprendre avant l'accident.

Ma grand-mère m'explique que mes parents s'aimaient profondément. Malgré cela, Rose, qui rêvait de voyage et d'une vie de bohème, appréhendait ma rentrée en sixième. Elle pensait que j'étais assez grand pour me débrouiller tout seul à l'occasion. Elle avait alors demandé à mon père de travailler un peu moins afin de découvrir les pays qu'elle souhaitait visiter. Pour lui, c'était hors de question : il venait d'engager de gros frais à la pharmacie et il ne voulait en aucun cas me laisser à ses parents, ni voyager à l'autre bout du monde. Cela ne l'intéressait pas du tout, pas même pour permettre à sa femme de réaliser son rêve de jeune fille et de développer sa créativité. Puis la tension dans leur couple est devenue palpable. Rose commençait à peindre dans des tons de plus en plus sombres, elle qui avait des tableaux très colorés. Célestine, qui a toujours été sensible, avait compris à travers ses dernières œuvres que quelque chose allait mal au plus profond de Rose. Pensant que c'était passager, elle n'y avait pas prêté attention. Ma mère avait toujours des tenues aux couleurs très vives et des fleurs dans ses beaux cheveux. Elle était à part et tout lui allait. Je me souviens de cette maman pas comme les autres. Puis les fleurs sont restées dans le jardin, et les couleurs vives ont été remplacées par du gris. Mon père, lui, était un acharné de travail, et il ne quittait quasiment plus sa pharmacie. Il fallait faire du chiffre. Apparemment, il avait eu un peu le sens de la démesure ce coup-là. Mon grand-père l'avait mis en garde, mais il n'avait écouté personne.

Célestine, voyant Rose sombrer doucement, avait décidé de parler à son fils qui lui, n'avait rien remarqué. Il rentrait tard, partait tôt, son fils allait bien, donc il ne voyait pas où était le problème. Ma grand-mère décida alors de les inviter à manger un soir afin de voir comment était l'ambiance dans le couple. Elle m'explique avoir eu l'impression d'être en face de deux étrangers. Elle ne les avait jamais vus aussi distants. Rose ne parlait pas ou très peu, elle qui était une grande bavarde d'habitude et ouverte à tous les sujets possibles. Mon père, quant à lui, avait les yeux cernés et le visage rongé par le stress.

— Qu'as-tu fait ? demandé-je.

Ma grand-mère développe : comme elle était triste de les voir tous les deux en mauvaise forme, elle leur avait proposé de me prendre le week-end suivant afin qu'ils prennent du temps pour eux. Sauf que Rose avait répondu : « Non, hors de question. Je ne passerai pas deux jours complets en tête à tête avec Michel et sans Théo. » À ce moment-là, Célestine comprit que la situation était bien plus grave qu'elle ne le pensait. Puis, une dispute a éclaté quand Rose annonça qu'elle avait pris rendez-vous avec un avocat pour demander le divorce, que sa vie avec mon père devenait un cauchemar et qu'elle ne réaliserait jamais ses rêves de petite fille. Michel est devenu blême, car il ne l'avait pas vu arriver. Rose s'est ensuite levée, a dit qu'elle rentrait et qu'elle souhaitait que je reste dormir chez mes grands-parents cette nuit-là. Michel, voyant qu'elle n'était pas en forme, décida alors de rentrer avec elle. Il voulait certainement s'expliquer avec sa femme en tête à tête. Puis, il y a eu des éclats de voix et Rose a pris le volant. Une heure après, la gendarmerie téléphonait car un accident avait eu lieu. C'est Georges, mon grand-père, qui est allé sur les lieux, ce n'était pas loin de la maison. Michel était décédé sur le coup. Rose avait juste eu le temps de dire à mon grand-père : « Dites à Théo que je l'aime, je veillerai sur lui. Et pardon d'avoir tué votre fils. » Elle perdit ensuite connaissance.

— Elle était encore vivante, dis-je.

— Oui, mais elle a fait une hémorragie interne à l'hôpital, ils n'ont rien pu faire. Ton grand-père était effondré : voir son fils décédé et sa belle-fille, que nous aimions comme notre fille, partir si vite. Il ne s'est jamais relevé de ce moment. C'est la raison pour laquelle il passait sa vie à travailler. Ce jour-là, toi tu as perdu tes parents, et moi j'ai perdu mon fils, sa femme et mon mari. C'est toi qui m'as sauvée Théo, et non l'inverse.

Je comprends maintenant pourquoi Célestine était angoissée de me raconter tout cela : il lui fallait non seulement revivre cette nuit-là, mais aussi m'avouer que c'était ma mère qui avait tué mon père, car Rose allait au plus mal depuis un moment. C'était comme un suicide, sauf qu'elle a pris mon papa avec elle. Ma grand-mère continue :

— Puis, comme nous voulions comprendre pourquoi, nous sommes allés chez toi. Il y avait bien une lettre de demande de divorce, sauf qu'elle était sur le bureau de ton père. Je pense qu'il le savait, il a fait semblant de la découvrir. Cette lettre était déchirée. C'est la pharmacie qui a détruit ce couple. J'ai tout de suite fait le choix de tout vendre vite : la maison, son commerce, je ne voulais plus y aller. Pardon, je n'ai même pas pris le temps de te demander.

— Tu sais à dix ans, je ne pense pas que j'aurais été capable de gérer cela.

— Oui, mais nous aurions pu mettre la pharmacie en gérance et la maison en location.

— Vous avez fait le bon choix. Merci Mamie pour ce récit. Au fond, je savais que cet accident était louche : seuls, la nuit, dans une ligne droite. Cela m'a beaucoup tourmenté, maintenant je comprends pourquoi.

— Pardon de ne pas t'avoir parlé plus tôt Théo.

— Je ne t'en veux pas, j'étais tellement fermé. Puis, ton idée de boîte à rêves, Julia et Marco m'ont permis de m'ouvrir. Je ne suis pas certain que j'aurais été capable de comprendre ou d'entendre ce récit il y a encore quelques mois.

— Tu vois pourquoi je veux que tu réalises tes rêves, mon chéri. C'est ça qui a tué ta mère et qui a malheureusement emporté ton père.

— Je suis triste de savoir qu'ils sont partis fâchés alors qu'ils s'aimaient tellement.

— Aimer, c'est écouter l'autre. Ton père ne l'a pas fait. Si tu as le courage d'aller dans le grenier, j'ai gardé tous les tableaux de ta maman. Tu y trouveras sûrement une réponse.

Suite à cette conversation, je rentre chez moi le cœur lourd. Néanmoins, je me sens libéré de savoir ce qui s'est réellement passé cette nuit-là. En parlant du grenier, Célestine m'a donné envie d'aller y faire un tour. Étant donné que ma maman n'aura jamais fait son tour du monde, et que de mon côté j'ai nommé chaque chambre d'un nom de ville du monde, il y aura sans doute une place pour chacun de ses tableaux à l'hôtel. Ce ne sera jamais son tour du monde à elle, mais c'est l'occasion pour moi de réaliser un peu de son rêve.

34

Julia

Ce matin, je me lève avec le sourire. Marco et moi avons passé une belle soirée et nous nous sommes enfin avoué nos sentiments. Afin d'y aller en douceur, il est rentré chez lui après notre tendre baiser. Je ne veux pas qu'il soit juste une compagnie, cela ne m'intéresse plus. J'ai enfin ressenti mes papillons dans le ventre. Non, ils n'avaient pas disparu, je n'étais juste pas avec les bonnes personnes.

Je prends une douche, j'avale mon petit-déjeuner et je pars chez Célestine. J'espère que sa discussion avec Théo s'est bien passée et que je ne vais pas la retrouver six pieds sous terre. En même temps, cette femme a sans doute vécu le pire ; elle se concentre désormais sur son bonheur. C'est une belle leçon de vie.

Je me gare sur le parking et je vois Théo au loin qui vient certainement déposer sa chienne. Je me dirige vers lui pour le saluer.

— Bonjour Théo, comment vas-tu ce matin ?

— Coucou Julia. Étonnamment, je me sens assez bien malgré les révélations faites.

— Ah, désolée, je ne sais pas quoi te dire.

— Il n'y a rien à dire. Dis-moi, est-ce que vous êtes disponibles Marco et toi pour un petit resto ce soir ? Je pense que je vais avoir besoin de vider un peu mon sac.

— Oui avec plaisir, je ne sais pas si Marco sera d'accord.

— Bien sûr que si, il va venir. D'ailleurs, il m'a déjà contacté ce matin. Je suis content pour vous deux, depuis le temps ! J'allais finir par devoir vous acheter des lunettes à chacun.

— Les nouvelles vont vite !

Nous arrivons ensemble chez Célestine. Théo embrasse sa grand-mère et lui laisse Molly avant de partir à son bureau. Je la rejoins dans la cuisine.

— Bonjour Célestine, comment vous allez ce matin ?

— Bonjour Julia, ça va très bien merci.

— Parfait, c'est signe que la conversation s'est bien passée.

— Oui, et surtout me voilà enfin libérée de ce poids. Ne rien lui dire me hantait de plus en plus. Je vieillis et je ne voulais pas partir sans qu'il connaisse la vérité.

Je suis soulagée de la voir sereine. Au vu de l'amour qu'elle porte à Théo, garder un secret sur le décès de ses parents n'a effectivement pas dû être simple.

Après notre marché, le repas et la sieste de Célestine, nous partons faire le tour de l'étang. Suite à la grande marche d'hier, nous avons décidé de faire plus calme aujourd'hui. Puis, comme la fin de journée arrive vite, je rentre chez moi afin de me préparer pour la soirée.

Marco doit venir me prendre dans une heure, et nous retrouverons Théo au centre-ville.

Nous voilà réunis tous les trois. Nous savons pourquoi Théo nous a demandé de venir ce soir, nous le laissons donc parler de ses ressentis suite aux révélations de Célestine.

— Je suis content que ma grand-mère m'ait raconté toute l'histoire. En fait ma mère voulait divorcer, car elle n'était plus heureuse avec mon père. Dans mes souvenirs, je me souviens d'une maman un peu bohème. D'ailleurs Julia, quand tu es venue la première fois pour ton entretien, c'est à elle que j'ai pensé, d'où mon rejet. Je m'en excuse.

— Ne t'inquiète pas, je ne t'en veux plus, dis-je.

— Donc ce soir-là, ils sont partis tous les deux de chez mes grands-parents, et ma mère était au volant. Puis, en pleine ligne droite, elle s'est pris un arbre. Sauf que le compteur était bloqué à cent-soixante-dix kilomètres-heure, et Célestine m'a certifié que ma mère ne buvait jamais une goutte d'alcool. Je ne saurai jamais ce qui a pu lui passer par la tête, elle ne voulait sans doute pas aller jusqu'à l'échec et aura préféré qu'ils meurent ensemble, plutôt que de se déchirer.

— Par chance, tu n'étais pas dans la voiture, annonce Marco.

— Peut-être que si j'étais rentré avec eux, ils seraient toujours là. Malheureusement, je ne le saurai jamais, et de toute façon, le passé, nous ne pouvons jamais le réécrire.

J'observe Théo qui est très touché en nous faisant part de son récit. Croire que ses parents sont décédés dans un accident, c'est déjà douloureux. Mais apprendre seize ans plus tard que celui-ci était dû à une mauvaise entente, je n'imagine pas ce que l'on peut ressentir. Peut-être que sa maman a préféré mourir aux côtés de celui qu'elle aimait plutôt que de le perdre pour une histoire d'absence. L'amour nous fait faire des choses inexplicables parfois. Nous cherchons tous à avoir des papillons dans le ventre, mais quand rien ne va, nous sommes capables d'en perdre la vie.

Théo continue à nous donner les détails de leur échange :

— Ma grand-mère m'a dit d'aller voir au grenier les tableaux de ma mère. Elle pense que j'aurai peut-être un indice. Ça me paraît étrange. Pourtant par curiosité, je vais y aller. D'après elle, ils sont tous signés de sa main. Elle avait mis la date de création au dos de chacun. Cela me permettra de savoir à partir de quel moment les choses sont allées moins bien, car d'après Célestine, ma mère est passée d'une peinture très vive à une œuvre très sombre. Pour elle, c'était un sacré indice à l'époque.

— Veux-tu que je vienne avec toi ? propose Marco.

— Oui, je veux bien que vous veniez avec moi tous les deux. Ma grand-mère m'a précisé qu'elle était incapable de les toucher, donc c'est quelqu'un d'autre qui s'est chargé des tableaux à l'époque. Il y a aussi une boîte que personne n'a jamais ouverte. Pour Célestine, tout cela m'appartient, et c'est à moi de décider de ce que je dois en faire.

— Nous serons là, avec toi, quand tu seras prêt à découvrir la suite, dis-je.

— Alors autant battre le fer quand il est chaud, disons samedi après-midi, si vous êtes disponibles bien évidemment. Je ne voudrais pas vous gâcher vos premiers émois. D'ailleurs à ce sujet, je suis très content de vous voir ensemble. Dès le début, j'ai pensé que vous étiez compatibles, même si tellement différents. Je vous souhaite le meilleur à tous les deux.

— Merci Théo, nous y allons tranquille.

— Je n'en doute pas, Julia.

La soirée terminée, chacun rentre chez soi. Eh oui, nous y allons en douceur avec Marco. J'ai le sentiment d'être moins dans l'urgence, alors j'aime cette idée de monter des fondations solides. Marco est important pour moi, et je ne souhaite pas brûler les étapes.

Le lendemain matin, j'arrive chez Célestine pour préparer notre repas du midi ; les garçons viennent également. Cet après-midi, j'ai mon cours d'équitation et tout le monde est partant pour venir avec moi. Étant donné qu'une belle journée s'annonce, nous allons passer un joli moment ensemble.

J'avertis également Célestine que demain nous irons tous les trois dans son grenier. Elle semble ravie d'avoir de la compagnie. J'essaye de creuser un peu afin de savoir si nous allons tomber sur un trésor, comme nous a prévenus Théo. Elle n'en sait rien. Mais elle ajoute :

— La seule chose que je puisse te dire, c'est qu'il y a un tableau emballé avec écrit : « Pour Théo ». La personne qui avait la charge de tout ranger m'avait informée de ce détail. Mais comme je n'ai pas eu le courage, jusqu'à récemment, de lui dire la vérité sur l'accident de ses parents, je n'ai pas osé lui en parler. Donc je ne sais absolument pas ce que vous allez découvrir demain !

35

Théo

Je me réveille en douceur ; je me souviens que nous sommes samedi et que j'ai rendez-vous en début d'après-midi avec Marco et Julia pour inspecter le grenier. Je ressens une certaine impatience de découvrir ce qu'il contient, mélangée à de l'appréhension. Je me dépêche, car avec Pâques qui arrive à grands pas, j'ai beaucoup de travail. Je ne souhaite plus travailler le samedi après-midi ni le dimanche quand c'est possible. Je dois commencer plus tôt et finir plus tard en semaine, et surtout, être efficace quand je suis présent. Cela m'a permis d'apprendre à déléguer ; je dois reconnaitre que Pauline semble contente de la confiance que je lui accorde, et elle ose des nouveautés sereinement.

En fin de matinée, je pars chez ma grand-mère. J'aperçois la voiture de Marco, signe que Julia et lui sont déjà arrivés. En entrant, j'entends des rires avec Célestine. Cela me détend. Je prends le temps de saluer et de discuter un peu avec chacun. Puis, le moment arrive. Nous montons tous les trois au grenier. Célestine, elle, ne voulant pas venir, a pris comme excuse sa sieste. Je me doute qu'elle aussi doit être inquiète de ce que nous allons découvrir. Je pense qu'elle aimerait certainement avoir des réponses aux questions qu'elle se pose depuis tant d'années. De mon côté, j'essaye de rester lucide et j'anticipe l'idée que cette recherche ne nous donne rien.

— Par où souhaites-tu que nous commencions ? demande Marco.

— Je pensais, vu la taille de cette pièce, que Julia pouvait aller à gauche et nous à droite. Ils ont l'air d'avoir rangé les plus grands tableaux de ce côté.

— Allons-y, je suis ton homme, dis-moi ce que je dois faire.

Les tableaux sont enveloppés dans des draps, et en voyant la couleur de ces derniers, je comprends que personne n'y a touché depuis qu'ils ont été déposés ici. Nous commençons par les enlever en douceur afin de déplacer chaque tableau de manière individuelle. J'étais loin d'imaginer qu'il y en avait autant. Je n'aurai jamais assez de chambres pour tous les mettre. Ma mère était une artiste passionnée. Je découvre qu'en effet chaque tableau est signé, avec une date au dos, et certains portent même un nom. Les couleurs sont vives, joyeuses. Les tableaux représentent différents paysages, mais il y a aussi de l'abstrait, avec des formes dont je ne comprends pas le sens. Un tableau très sombre vient d'être découvert par Marco : mon cœur s'emballe. Sans que je comprenne pourquoi, je m'approche et la peur de le retourner m'envahit.

Marco perçoit mon malaise et il me propose que nous le mettions de côté ; je lui demande juste de regarder la date, et il m'annonce deux-mille-cinq. Voilà, nous y sommes : l'année juste avant leur décès. Je comprends mieux ma réaction.

Je décide d'aller voir Julia pour voir ce qu'elle a découvert. Il y a une soixantaine de petits tableaux : le thème de la mer est prédominant. Je regarde chacun d'eux avec douceur. Imaginer que c'est ma maman qui avait ce talent me touche. Je comprends pourquoi j'avais de bonnes notes en cours de dessin : j'ai certainement hérité de ce don. J'adore aller dans les galeries, je trouve que la peinture nous fait voyager, découvrir, ressentir. Un artiste ne ment jamais sur ses émotions quand il peint. On devine dans ses créations ses faiblesses, ses forces, ses périodes de vie. En observant des œuvres, le temps devient différent et nous sommes transportés dans un autre monde. Je me dis que si ma mère ressentait cela en peignant, c'est pour cette raison qu'elle en a fait autant, c'était son monde à elle. Transcrire dans la matière l'écriture de son âme. Julia me sort de mes pensées :

— Théo, j'ai trouvé une boîte qui était sous un tableau. Je l'ai déposée sur le meuble là-bas.

Je pars dans sa direction, impatient de l'ouvrir. Mais la boîte est fermée à clé. Je demande à Marco s'il saurait comment faire. À ce moment-là, il trouve une clé derrière une des œuvres, me la tend et en effet, c'est celle qui correspond. Puis, j'ouvre la boîte en douceur. À l'intérieur, se trouvent des lettres qui me sont adressées. Mon cœur s'arrête et sans comprendre pourquoi, des larmes montent alors que je ne sais même pas ce que ces lettres contiennent. Marco et Julia se rapprochent de moi, déposent chacun une main sur mon épaule et mon ami me glisse :

— Pleure et prends ton temps. Rien ne presse.

Ils se détachent et me disent qu'ils vont chercher de quoi nous rafraîchir : ils veulent certainement me laisser un peu d'intimité. J'ouvre alors la première enveloppe. La date du premier janvier deux-mille-trois y est inscrite. Elle m'est bien destinée :

Théo, mon amour,

Comme chaque premier jour de l'année, je t'écris ta petite lettre.

Voilà, nous sommes en deux-mille-trois. Tu vas avoir sept ans cette année. On dit que c'est l'âge de la raison, que l'on devient plus sage. Pour nous, cela ne va pas changer grand-chose : tu es déjà un garçon très sage.

Je te souhaite une année remplie de beaucoup de joie avec tes copains. J'espère que le football va continuer de te passionner. Et si ce n'est pas le cas, ce n'est pas grave.

Pour te rafraîchir la mémoire, l'été dernier nous sommes allés en Espagne ; tu avais trouvé une petite amoureuse qui se prénommait Laurie, vous étiez très mignons tous les deux. D'ailleurs, j'ai mis une photo dans l'enveloppe, j'avais gravé ce moment.

Tu dessines de mieux en mieux et tu aimes passer un peu de temps avec moi, ces instants-là sont très précieux pour moi.

Tu nous demandes un petit frère ou une petite sœur régulièrement. Quand tu liras cette lettre, tu seras en âge de savoir que tu as déjà eu une petite sœur. Pendant ma grossesse, vous étiez deux, mais malheureusement, Manon n'a pas continué le chemin à nos côtés. Je ne m'en suis jamais réellement remise et c'est pour cette raison que je ne peux t'offrir ce cadeau.

Avec ton père nous souhaitons attendre encore pour t'en parler ; pour le moment nous sommes encore fragiles, et toi trop petit au moment où j'écris ces mots. C'est peut-être une erreur, pardonne-nous.

Je te souhaite le plus beau pour cette année, je t'aime d'un amour inconditionnel mon fils.

Ta maman.

En découvrant cette lettre, je ne me sens pas bien. Pourquoi Célestine ne m'a-t-elle jamais parlé de ma sœur ? Comment et quand était-elle décédée ? Est-ce que ma grand-mère aussi est au courant ? Ne voulant pas attendre plus longtemps, je décide de descendre afin de comprendre. Je n'avais jamais imaginé avoir une révélation pareille. J'espère que chaque lettre ne contient pas un secret aussi lourd, car elles sont au nombre de dix !

36

Julia

Au moment même où je m'apprête à remonter au grenier accompagnée de Marco, j'entends Théo qui redescend, et au son de ses pas, je devine que ça ne présage rien de bon. Je croise son regard rempli de larmes. Je le suis, car il va directement au salon, où se trouve Célestine. Comme je crains un scandale qui pourrait la blesser, je me sens dans l'obligation de ne pas rester trop loin d'elle.

Théo est en colère comme rarement, il hurle sur sa grand-mère avec le courrier dans la main, qu'il lève dans sa direction. Il lui demande pourquoi elle ne lui a jamais rien dit au sujet de sa sœur. Je prends conscience à ce moment précis que la discussion va être houleuse. Je reste à l'entrée le plus discrètement possible.

— Ta mère voulait t'en parler quand tu serais plus grand et en âge de comprendre. Sauf qu'elle n'en a jamais eu le temps.

— Et toi, pourquoi tu ne m'as rien dit ? hurle Théo.

— Car je n'y arrivais pas.

Marco me rejoint et se pose à mes côtés. Nous ne pouvons plus bouger. Puis, Célestine explique à Théo que sa sœur jumelle est décédée avant même sa naissance. À six mois de grossesse, sa mère a été hospitalisée, car la petite avait un rythme cardiaque anormal. Après trois jours sous haute surveillance, son cœur a cessé de battre. Ils ont déclenché l'accouchement et sa petite sœur est mort-née. Rose était dans un tel état de tristesse qu'elle s'occupait à peine de Théo, qui était lui aussi tout petit. Mais il a survécu. Ensuite, sa maman a mis tout son amour dans ce petit garçon, mais elle n'a jamais réussi à lui parler de peur de le blesser et qu'il devienne inconsolable. Alors le temps a passé, et comme chacun le sait, plus nous attendons, plus il est difficile de dire la vérité. Sa mère craignait tellement qu'il la rejette, qu'il lui en veuille, qu'elle a demandé à tout le monde de ne rien dire à Théo. Mais Célestine lui certifie qu'elle ne savait pas que sa maman lui avait écrit cela dans une lettre. D'ailleurs, cette nouvelle la surprend. C'est comme si Rose savait qu'elle ne verrait pas les dix-huit ans de son fils et qu'il était plus facile de lui avouer de cette façon.

Théo se calme et finit par fondre en larmes. Il avoue avoir toujours eu la sensation que quelque chose lui manquait. Il pensait que c'étaient ses parents. Ce vide était évidemment bien réel, mais il y avait aussi une sœur jumelle et personne n'avait jamais évoqué son existence.

Je décide d'aller dans le grenier ranger les tableaux éparpillés un peu partout. Je pense que Théo a eu sa dose pour aujourd'hui. Puis, en entrant, je vois plusieurs lettres au sol : je décide de ne pas y toucher. Marco me rejoint et nous restons un long moment à échanger sur ce qui vient de se passer. Nous entendons ensuite des pas : c'est Théo qui remonte.

— Je tenais à m'excuser pour la scène.

— Tu sais, peut-être que le mieux est de ranger. Tu en as eu assez pour ce soir, lui dis-je.

— Oui, en effet. Je vais récupérer les lettres et les lire chez moi, au calme. Selon les découvertes, je ne m'en prendrai pas à ma grand-mère, qui a fait de son mieux. Mais j'ai l'impression que mon passé n'est que mensonge : l'accident qui n'en est pas vraiment un, et maintenant Manon. Je crois que ma tête va exploser.

Une fois tout remis en ordre, nous descendons tous les trois. Puis nous prenons le temps de rester avec Célestine, car elle aussi semble complètement affectée. Cela m'inquiète, elle n'est plus toute jeune. Autant d'émotions peut la fragiliser, et j'ai peur de la perdre. Elle me rassure en me disant que ça fait des années qu'elle attend que tout éclate au grand jour. Célestine ne savait pas ce que contenait cette boîte. Elle avait prévu de parler à son petit-fils si aucun document concernant sa sœur n'avait été laissé à Théo. Finalement, elle se sent soulagée que Rose ait pris le temps de lui écrire. C'était en effet à ses parents de lui en parler.

Il commence à se faire tard, alors chacun rentre chez soi. Je propose à Marco de passer la soirée avec moi. Je n'ai pas envie d'être seule. Il accepte. Nous décidons de prendre des plats à emporter, car mon réfrigérateur est comme à son habitude : vide. Nous profitons de ce moment pour nous découvrir, parler de nos passions, de nos envies futures. Ça me fait du bien d'imaginer un futur. J'ai toujours vécu au jour le jour. Cependant depuis un moment, j'ai aussi envie de rêver, de préparer en douceur mon avenir et de me poser. Marco arrive au bon moment dans ma vie.

Puis nos corps se réclament, ils ont besoin de se toucher, de se découvrir ; Marco reste à mes côtés. Mes papillons sont libérés et volent dans tout mon être. Je ne sais pas si je suis amoureuse, mais je ne m'étais pas sentie aussi bien et autant en confiance avec un homme depuis bien longtemps.

Le dimanche se passe en douceur ; nous prenons le temps de vivre, de petit-déjeuner. Vers onze heures et comme il fait beau, nous décidons d'aller courir un peu, cela nous fera du bien. Puis, au moment où nous enfilons nos baskets, le téléphone de Marco sonne : c'est Théo. Il souhaite savoir si nous pouvons nous rendre disponibles. Il a lu toutes les lettres et souhaite finir le rangement du grenier.

Marco paraît contrarié. Cela m'étonne car Théo est son ami, et l'idée de pouvoir l'aider ne lui pose aucun souci, bien au contraire. Il est heureux de le soutenir pour qu'il puisse connaitre l'ensemble de son histoire. Il est persuadé que même si les choses vont mettre du temps à être digérées, elles vont en définitive lui permettre de chasser ses vieux démons et ses croyances. Des croyances dont il n'a même pas conscience, car elles ne lui appartiennent pas complètement. Je finis par lui demander :

— Marco, que se passe-t-il ?

— Hier, en déplaçant un tableau, j'ai trouvé une lettre sur laquelle était écrit : « Pour Théo ».

— Peut-être qu'il n'y a rien d'important dedans.

— Mon intuition me fait penser l'inverse. Allons le rejoindre, je ne voudrais pas qu'il soit seul en la découvrant.

Nous arrivons chez Célestine, qui nous annonce que Théo est déjà monté. Marco prend à peine le temps de l'embrasser et part rapidement. Quant à moi, je m'installe à côté d'elle pour prendre de ses nouvelles : elle est fatiguée et contrariée. Je finis par lui demander ce qui la tracasse.

— J'ai peur que Théo ne m'en veuille tellement qu'il ne souhaite plus jamais me revoir. Je m'en veux pour Manon. J'avais dit à mon mari que nous devions lui en parler. Mais il n'a jamais voulu, car Théo avait son bac à passer. Il était heureux et amoureux. Puis Georges est parti ; je me suis sentie toute seule, et cette peur de perdre Théo m'a fait renoncer. Je n'ai que lui et lui n'a que moi. Alors égoïstement, je n'ai pensé qu'à ce lien et à le maintenir quoi qu'il en coûte.

— Vous avez agi avec votre cœur. Un jour il comprendra. Il vous aime tellement, il ne va pas vous abandonner.

— Une fois toute la vérité dévoilée, il me restera une mission et j'aurai besoin de ton aide.

— Vous pouvez compter sur moi. Il reste encore des choses à découvrir ?

— Rose était une femme fantastique et pleine de mystère, Théo a encore le temps de trouver un secret. Je te le promets, je n'en sais rien, c'est juste un ressenti depuis cette nuit. Ces lettres écrites à son fils, les lui donner une fois adulte, ça ne m'étonne pas d'elle.

Je pars rejoindre les garçons. Entre l'intuition de Marco et ce que vient de me dire Célestine, je préfère rester à leurs côtés. Et si un nouveau secret éclate, je veux être aux premières loges pour protéger Célestine. Elle semble avoir pris dix ans en une nuit.

37

Théo

Je décide d'observer chacun des tableaux. Je garde pour la fin celui qui est daté de deux-mille-cinq et dont les couleurs sont très sombres. Avec Marco, grâce à qui je me sens un peu moins fébrile, nous le mettons dans un lieu à part. Puis, nous répartissons les œuvres : celles que je souhaite dans l'hôtel d'un côté et celles qui me plaisent un peu moins de l'autre. Ces dernières seront vendues ou offertes aux personnes qui les souhaitent. C'étaient la passion et la raison de vivre de ma mère : je pense qu'elle serait heureuse de savoir ses tableaux exposés et non plus cachés sous un drap.

Julia nous a rejoints : elle nous propose son aide. Puis, elle commence à chantonner ; il y avait longtemps que je ne l'avais pas entendue. Quand elle est arrivée au début, c'était régulier de l'entendre quand elle était seule dans le jardin ou la cuisine. Célestine m'avait dit qu'elle trouvait cela sympathique d'avoir auprès d'elle quelqu'un qui chantait joliment, et surtout, avec enthousiasme.

Marco prend le tableau étrange, arrache l'enveloppe qui est accrochée dessus et me la tend. Je la saisis, mais je souhaite prendre un peu mon temps avant de l'ouvrir. Je regarde activement l'œuvre : elle est abstraite, avec un mélange de deux êtres. L'un semble davantage dans la lumière que l'autre. Le personnage qui est dans la partie sombre donne l'impression de retourner d'où il vient. Dans le coin, une jolie couleur que je n'avais pas remarquée au départ attire mon attention. Je me laisse porter par mes ressentis. Je me sens dérangé par ce mystère. Je me doute qu'à travers son don, ma mère a voulu me transmettre un message, car c'est le seul tableau qui porte mon nom. Je décide alors d'ouvrir cette enveloppe, qui doit sans doute contenir l'explication de ce chef-d'œuvre. La lettre dit :

Théo,

Ce tableau est pour toi, il est l'histoire de ta venue sur cette terre. Tu vas bientôt avoir dix ans, et je dois me résoudre à te parler de ta sœur Manon. Je ne sais transmettre mes émotions que par la peinture, ne trouvant pas les mots pour t'annoncer cette nouvelle.

Comme tu peux le voir, il y a deux formes vivantes. Ce sont toi et Manon quand vous étiez dans mon ventre. Toi, tu es celui qui arrive et qui m'offre de l'amour, de la joie. Ta sœur a décidé de nous attendre là-haut ; j'ai espoir qu'il y ait autant de lumière qu'ici. Je suis certaine qu'elle veille sur toi. Peut-être a-t-elle eu peur de venir tenter l'expérience avec toi dans cette vie. C'est pourquoi j'ai tout mis en œuvre pour que tu ne regrettes pas ton choix. Me choisir comme maman, décider de grandir à mes côtés, est le plus beau des cadeaux que tu pouvais m'offrir. Je n'en veux pas à Manon, je sais que je vais la retrouver dans un autre monde.

Tu es trop petit pour comprendre ce que je t'explique, mais l'inspiration n'attend pas. Nous les artistes sommes à sa disposition, et ce matin, elle est venue me cueillir pour peindre ce tableau et t'écrire cette lettre. Ce qui aurait dû me prendre une semaine m'a seulement demandé une journée pour peindre ce que je ressentais. J'ai envie de croire que Manon était à mes côtés pour m'insuffler son énergie et m'aider à dessiner au plus vite.

J'ai prévu de t'offrir ce tableau pour tes onze ans. La lettre viendra peut-être dans un second temps. Tu sais, je ne relis jamais les écrits que je t'adresse à chaque nouvelle année. Je laisse mon cœur décider de ce qu'il souhaite mettre sur la feuille.

Je t'aime fort mon Théo,

Ta maman.

Je replie la lettre délicatement. Ma maman était une femme étrange. Elle m'aimait, je n'en doute pas une seconde, mais elle avait son monde bien à elle. Pourtant dans mes souvenirs, je vois toujours une mère joyeuse, drôle et pleine de vie. Sa peinture était son refuge, et quand la douleur devenait trop forte pour la montrer au monde, elle devait certainement l'exprimer avec le pinceau. Peut-être est-ce pour cela que les gens toujours heureux donnent l'impression que la vie est douce avec eux. Ils ont leur propre façon d'évacuer ce qui les encombre. Ma mère c'était par la peinture, mon père par le travail. En y réfléchissant, je ressemble à mon père pour ce qui est de la gestion des émotions.

Julia et Marco n'ont pas bougé : ils restent au loin et attendent certainement mon signal pour la suite. J'ai envie de leur en parler car sans eux, je ne serais pas dans ce grenier. Nous descendons rejoindre Célestine. Je souhaite aussi partager le contenu de la lettre avec elle. Une fois que j'ai fini de la lire, nous décidons de boire un verre. Je suis perturbé par ce que ma mère a écrit. Célestine, elle, donne l'impression d'être entre deux émotions : revivre ce passé l'émeut, mais le fait que les non-dits soient mis au grand jour la soulage. Je comprends mieux son idée de boîte à rêves : c'était pour me mettre dans le bain pour la suite.

Puis, chacun rentre chez soi. Nous sommes tous un peu assommés par ce moment étrange. Je décide de me poser sur mon canapé et de regarder la télévision afin de me vider la tête. Le sommeil va être compliqué à trouver. Beaucoup de questions tournent en boucle, après tant de réponses. Le temps se chargera d'apaiser mon esprit. Je l'espère.

Comme je me suis levé de bonne heure ce matin, je décide d'aller au cimetière. Je n'y suis pas allé depuis de nombreuses années. Tout d'abord, je demande à Célestine si elle souhaite m'accompagner. Elle accepte volontiers. Avant d'aller la chercher, je m'arrête chez un fleuriste.

Nous voilà tous les deux face à la tombe de mes parents et de mon grand-père. Je dépose tranquillement la composition. Je suis étonné de voir que la tombe est joliment fleurie. Je demande à ma grand-mère qui prend soin de ce lieu.

— Avec Julia, nous venons une fois par semaine vu que je ne suis plus autonome.

— Pourquoi tu ne me l'as pas demandé ?

— Veux-tu que je te rappelle l'avant Julia ?

— Non, je crois avoir compris. C'était aussi pour cette raison que tu souhaitais une femme avec le permis ?

— Évidemment, mais il y avait d'autres raisons, comme aller au marché. Cependant, le cimetière me manquait. Julia m'a beaucoup aidée à remettre la tombe en état. Six mois d'absence, c'est long. Je sais bien qu'ils sont partout, toutefois j'ai le sentiment en venant ici de leur montrer que je prends soin d'eux et que je ne les oublie pas.

— Et ma sœur est ici ?

— Oui, sauf que ta maman n'a jamais voulu inscrire son nom.

— Pourquoi ?

— Pour te protéger. À l'époque, elle nous avait demandé de garder une place pour inscrire le nom de ta sœur quand tu serais au courant de son existence. Elle ne souhaitait pas que tu découvres son identité ici.

— Si je comprends bien, c'est ce qui explique pourquoi il y a de la place au-dessus du nom de mon père ?

— Oui, c'est à toi de décider. Quand Manon a été enterrée, ton père a voulu une tombe où nous pourrions être tous ensemble. Voilà pourquoi elle est aussi grande.

— Je vais entamer les démarches pour inscrire le nom de ma sœur.

— Merci Théo, tes parents doivent être fiers de l'homme que tu deviens. Et je tiens à te dire que je le suis aussi. Tu ne juges personne, tu acceptes les gens comme ils sont. C'est digne d'une grande sagesse. Je souhaite au plus profond de mon cœur que la vie sera douce pour le chemin qu'il te reste à parcourir.

38

Julia

Après cet épisode sur la famille de Théo, il y a déjà quinze jours, je me sens un peu moins perturbée. Il faut avouer que les émotions furent intenses tant pour lui que pour moi-même. La vie avec Marco est douce, et sa présence a été primordiale pour faire face aux tempêtes qui nous ont bousculés.

Le mois de mai est bien là, la douceur printanière est très agréable.

Hier, Célestine m'a dit qu'elle souhaitait que nous mettions en place le rêve de Théo. Pour elle, il semble prêt pour la suite. Puisque c'est elle qui choisit, elle m'a annoncé qu'elle m'expliquera tout en détail aujourd'hui. Si besoin, j'ai le droit à un joker qui se nomme Marco pour m'aider, à condition qu'il reste discret sur ce qu'il se prépare. Tout comme moi, elle sait que nous pouvons lui faire confiance.

— Célestine, je vous écoute pour le rêve de Théo.

— Théo a eu une petite amie dont il était fou amoureux. Et c'était réciproque. Ils se sont rencontrés en terminale, puis chacun a continué ses études. Ils se voyaient le week-end et pendant les vacances ; ils vivaient le parfait amour.

— Que s'est-il passé ?

— Justine, sa petite copine, a eu une proposition pour aller au Canada. Si j'ai bien compris, elle en rêvait depuis de nombreuses années. Théo, ne voulant pas m'abandonner, ne l'avait pas suivie. Il ne se sentait pas prêt. Au départ, il était convenu qu'il y aille pendant des vacances, ce qu'il a fait. Il est rentré démoli, car il venait de la perdre.

— Il vous a dit pourquoi ?

— Non, il m'a juste dit : « C'est fini, plus jamais je n'aimerai une fille. » Sur le coup j'ai pensé que c'était de la colère, qu'avec le temps ça passerait : soit ils allaient se réconcilier au retour de Justine, soit il tomberait amoureux d'une autre jeune fille. Néanmoins, quand je vois la vie qu'il mène depuis ces cinq dernières années et la tristesse de son visage quand nous évoquons cette période, tout me fait penser qu'il n'est pas passé à autre chose. Ou alors il n'ose plus se laisser aller aux sentiments amoureux.

— Et donc, c'est quoi mon rôle pour la suite ?

— Peux-tu retrouver Justine ?

— Au Canada ?

— Je crois qu'elle devait y rester un an. Avec vos trucs, vous pouvez retrouver tout le monde, non ?

— Vos réseaux sociaux, Célestine.

— Si tu veux, appelle-les comme bon te semble.

— Je vais chercher, vous avez son nom de famille ?

— Oui, c'est Justine Laurent.

— Elle est originaire d'ici ?

— Oui, ils étaient au lycée ensemble.

— D'accord, je fouille et je vous tiens au courant.

Quand je rentre chez moi, je téléphone à Marco pour lui exposer les éléments que Célestine m'a donnés. Puis, je lui précise que le but est que Théo revoie Justine. Cette rencontre est importante pour Célestine, car elle reste persuadée que si Théo et Justine ont toujours des sentiments l'un pour l'autre, il faut qu'ils s'en rendent compte. Dans le cas contraire, il est temps pour Théo de tourner la page. Cela lui permettra de se laisser aller et de ne pas rester bloqué sur son premier amour.

Marco trouve le défi super. Il m'explique que Théo lui avait effectivement déjà parlé de Justine. Il y avait eu beaucoup d'émotion dans son discours. Pour lui, cela ne va pas être compliqué à mettre en place. Je lui rappelle tout de même que mis à part un nom et un prénom, nous n'avons pas grand-chose comme informations. Sauf que j'ai omis un détail, c'est que Marco est podologue et il a une patientèle locale. Monsieur ou madame Laurent, ça ne court pas les rues. Et la bonne nouvelle, c'est qu'il a rendez-vous avec une madame Laurent en fin de semaine. Il va sonder afin de savoir si c'est bien la maman de Justine. J'adore cet homme !

De mon côté, j'ai commencé des recherches. Il y a deux profils qui pourraient correspondre ; j'imprime les photos afin que Célestine me confirme laquelle montre Justine.

— C'est elle, sans aucun doute. Ses cheveux blonds sont reconnaissables entre mille.

— Parfait. Pour info, d'après son profil, elle vit à La Rochelle.

— Au moins, elle ose avancer. Pas comme lui !

— Vous êtes dure, vous avez vu son parcours de vie jusqu'ici ?

— Et le tien Julia ? Il n'est pas idéal. Cela ne t'empêche pas de bouger.

— Bon, changeons de sujet. Maintenant que j'ai la bonne Justine, je vais creuser pour savoir comment la contacter.

Entre-temps, Marco a bien reçu la maman de Justine. Lors de leur échange, elle lui a dit que sa fille vivait à La Rochelle. Elle travaille dans un cabinet d'assurance. Il n'a pas osé poser de questions sur sa vie amoureuse et sa situation familiale. Après avoir effectué plusieurs recherches, Marco décide de téléphoner à Justine et de lui parler franchement. Je doute un peu de sa méthode, sachant que le but est de la faire venir ici pour revoir Théo. Si elle est en colère contre lui et ne souhaite jamais le revoir, nous serons vite fixés. Cette éventualité, je n'y pense même pas, car cela voudrait dire que j'ai échoué. Marco est plus persuasif que moi et il sait trouver les mots qu'il faut ; il se chargera de la joindre directement sur son lieu de travail. Il se dit que c'est moins discret via les réseaux sociaux. Si jamais la conversation dégénère, ce sera à moi de m'y coller.

Aujourd'hui c'est un peu le grand jour, car Marco a prévu d'appeler Justine en début d'après-midi, entre deux patients. Pendant toute la matinée, je n'arrive pas à me poser : je vais et je viens. Célestine n'arrête pas de me demander de me calmer, mais c'est plus fort que moi. Je me fais tous les scénarios possibles dans ma tête. Et puis pour être honnête, je crains que Justine ne refuse et qu'elle ne prenne son téléphone pour appeler Théo directement. Il pourrait se retrouver dans une situation dont il n'a même pas connaissance et se faire insulter. Arrête Julia !

Alors que nous venons de finir notre thé, mon téléphone sonne : c'est Marco. Je saute sur mon portable et ne prends pas le temps de dire : « Allo », c'est directement : « Alors ? » Marco m'explique que Justine était sur son lieu de travail et qu'elle allait le recontacter à dix-neuf heures. C'était un peu compliqué pour échanger, alors il lui a laissé son téléphone. Nous décidons qu'il viendra chez moi, ce qui me permettra d'entendre la conversation. Je me sens légèrement soulagée : Justine ne l'a pas envoyé sur les roses et elle n'a pas piqué de colère. Je fais le compte rendu à Célestine, qui m'explique que la Justine qu'elle a connue était une fille douce et agréable. Elle ne la voyait pas faire un scandale.

Installée avec Marco à regarder son téléphone, j'ai du mal à ralentir mon rythme cardiaque. Tout va se jouer très vite. Je commence à paniquer à l'idée qu'elle pourrait ne pas prendre la peine de téléphoner. Marco, lui, est détendu et me dit qu'il se passera ce qui est bon pour eux. Il est drôle lui, et si elle n'appelle pas, je dis quoi à Célestine demain ? Enfin, la sonnerie tant attendue résonne. Justine n'a pas masqué son numéro, c'est plutôt bon signe.

J'écoute attentivement la conversation. Justine paraît heureuse que nous ayons pris contact avec elle, enfin Marco. Elle serait ravie de revoir Théo, car plusieurs choses sont restées sans réponse. Elle pense à lui, mais elle a peur de le revoir et d'être déçue. Cependant, elle serait enchantée de venir. Après qu'elle a vérifié ses disponibilités en fonction de son travail et de sa vie personnelle, Marco et elle se donnent rendez-vous le vendredi soir de la semaine prochaine. Elle passera le week-end chez ses parents.

Quand Marco raccroche, je saute partout, ça me fait du bien car je suis tellement heureuse. Néanmoins, Justine a demandé à ce que nous soyons présents. Elle ne se sent pas prête à se retrouver en tête à tête avec Théo pour ce rendez-vous. Je me dis que nous allons certainement être mal à l'aise, mais c'est pour la bonne cause. Célestine va être folle de joie. Reste à savoir si Justine sera toujours avec nous pour le dessert et si elle ne va pas partir en courant ! Voilà que je recommence avec mes suppositions !

39

Théo

Après une semaine chargée à préparer la nouvelle saison à venir, j'arrive enfin chez ma grand-mère pour notre repas du vendredi midi. Je suis étonné de ne pas apercevoir la voiture de Marco.

— Bonjour les filles, vous allez bien ?

Passé les embrassades, je demande où est Marco. On me répond que ce dernier doit arriver d'une minute à l'autre. Ses rendez-vous du matin ont pris du retard. Le voilà enfin, nous nous installons alors pour l'entrée. Dimanche, c'est l'anniversaire de Célestine : tout le monde est partant pour l'inviter au restaurant. Son visage montre qu'elle est heureuse que nous voulions tous être là pour ce moment. Elle aime vraiment la compagnie, je comprends mieux son mal-être d'il y a un an. Cette période est passée très vite et a été pleine de rebondissements. À cette pensée, je regarde Julia et intérieurement, je la remercie. Sa présence a bougé les habitudes : elle a été le déclencheur des récents évènements. Mais je suis loin d'imaginer que cela pourrait aussi provoquer un retour dans mon passé.

Le repas fini, nous filons au cours d'équitation de Julia, qui a fait de gros progrès.

Elle est toujours aussi heureuse sur le dos d'un cheval et elle commence gentiment le saut d'obstacles. Elle est assez douée tout de même. Vendredi prochain, nous partirons tous les trois avec Olivier pour cette balade à la mer tant attendue.

— Tu es disponible pour un resto ce soir ? me demande Marco.

— Oui, avec plaisir.

— Parfait, vingt heures ?

L'après-midi a passé très vite. Je me dépêche de rentrer chez moi pour me changer avant de rejoindre mes amis. Coup de chance, je trouve rapidement une place, ce qui peut relever de l'exploit un jour comme celui-ci. Je marche tranquillement et je vois au loin une jeune femme qui me fait penser à Justine. Je me dis qu'elle ne me sortira jamais de la tête et que si maintenant, je commence à avoir l'impression de la voir, cela ne va pas m'aider. Puis la jeune femme tourne au coin de la rue que je dois rejoindre. Quand j'y arrive, je ne la vois plus. Je ressens alors comme un soulagement : je n'avais pas pris conscience qu'avec cette hallucination, mon cœur s'était emballé.

En pénétrant dans le restaurant, j'aperçois Marco et Julia déjà installés. Ils parlent en regardant dans la même direction, ce qui me fait dire qu'ils ne sont pas seuls. Avec le mur, je ne vois pas qui est l'autre personne. Après m'être présenté au serveur, celui-ci m'accompagne à la table. Et là, je découvre que non, je n'ai pas d'hallucination, et que non, Marco et Julia ne parlent pas aux murs. Je reste figé en voyant Justine : elle est toujours aussi belle. Ses jolis cheveux blonds sont plus longs, et son visage a gardé ses traits fins avec ses yeux bleus qui m'ont toujours hypnotisé par leur profondeur. Elle ne semble pas m'en vouloir puisqu'elle me regarde avec tendresse. Ne sachant pas comment faire, j'essaye d'abord de reprendre mes esprits, puis je m'approche pour l'embrasser.

— Bonsoir Justine, je ne m'attendais pas à te voir.

— Bonsoir Théo, tes amis voulaient te faire la surprise.

— Que fais-tu ici ? Je ne comprends pas tout.

Julia décide de m'expliquer la surprise organisée à l'initiative de ma grand-mère. Sauf que je ne sais pas quoi penser : finalement, je suis incapable de décider si c'est une bonne ou une mauvaise surprise.

Je m'installe à côté de Justine, puisqu'il ne reste que cette place de libre, et j'entame la conversation pour savoir comment elle va depuis tout ce temps. Elle m'explique qu'elle est rentrée du Canada plus tôt que prévu. Mais elle n'avait pas osé me contacter à ce moment-là. Elle craignait que je ne sois passé à autre chose. Elle avait appris que j'avais repris le restaurant de mes grands-parents.

Nous discutons un long moment. Je comprends qu'elle vit à La Rochelle et qu'elle fait un métier qui ne correspond pas du tout à la jeune fille que j'ai aimée. Puis, voyant Marco et Julia un peu sur le banc de touche, nous décidons de prendre le temps de parler aussi avec eux, car finalement sans leur implication, cette rencontre n'aurait pas eu lieu. La soirée passe vite, trop vite. Marco et Julia nous laissent, et nous restons un peu tous les deux. Le serveur nous fait comprendre qu'ils vont fermer. J'accompagne Justine jusqu'à sa voiture, ce qui confirme que c'était bien elle que j'avais vue au loin. Je suis soulagé, je me rends compte que je n'ai rien oublié d'elle : sa démarche, ses cheveux, sa présence et tout ce qui me rendait amoureux d'elle à l'époque.

Je suis tellement heureux d'avoir partagé ce moment avec Justine. De retour chez moi, je prends le temps d'envoyer un message à Marco et à Julia pour les remercier de cette soirée et d'avoir osé provoquer cette rencontre. C'était risqué tant pour Justine que pour moi-même. La réponse de Marco ne se fait pas attendre, il est très touché par le moment que je viens de vivre. Il m'interroge un peu sur la fin de soirée. Je n'ai pas grand-chose à lui dire, excepté le fait que nous souhaitons nous revoir demain en fin de journée pour prendre le temps de parler un peu plus.

La journée passe trop lentement ; c'est toujours pareil quand nous sommes impatients, la montre prend tout son temps. Je me suis garé un peu en avance sur le parking près de la plage. Nous n'avons même pas réfléchi au lieu de notre rendez-vous : c'était une évidence. Ici c'était notre endroit à nous depuis toujours. J'ai pris le temps de penser à notre passé et à nos retrouvailles d'hier soir. Je ne suis pas certain d'avoir toujours le même amour pour elle qu'à l'époque. Nous étions jeunes, mais notre rupture a été tellement douloureuse que je crains de souffrir à nouveau. J'étais allé comme un gagnant au Canada la rejoindre, avec une seule idée en tête : la persuader de rentrer avec moi. Sauf que j'ai trouvé ma Justine heureuse et épanouie dans ce pays. Elle parlait d'y faire sa vie. J'ai paniqué, je ne pouvais pas laisser ma grand-mère tout juste veuve, seule. Et puis, ce pays n'était pas le mien ; mais ce qui m'avait le plus blessé, c'était d'avoir eu le sentiment que je n'étais pas si important pour elle. Avec le recul, c'était idiot, car elle a certainement pensé la même chose me concernant : qu'elle aussi n'était pas assez importante pour moi, et que je ne l'aimais pas suffisamment pour venir. Sauf que je suis resté centré sur ma petite personne après cet épisode. Je suis rentré chez moi le cœur lourd, avec la promesse de ne plus jamais aimer une autre femme. Et voilà, cinq ans sont déjà passés. Or c'est elle qui est revenue au pays. Est-ce que j'ai sous-estimé ses sentiments ? Je vais vite le savoir, car je ne veux pas tourner autour du pot. Par cette initiative, ma grand-mère souhaite m'amener à savoir ce que je ressens et à avoir de nouveau confiance dans les sentiments.

— Coucou Théo, il y a longtemps que tu es là ?

— Bonjour Justine, j'étais en avance. Allons marcher au bord de la mer.

Me voilà à ses côtés ; une envie soudaine de lui prendre la main me chatouille, comme avant. Comment est-ce possible ? Mais hors de question de le faire. Nous devons d'abord nous parler. Elle me raconte son retour du Canada, qui fut précipité : son père ayant eu un problème cardiaque, elle avait fait le choix de rentrer. Elle m'explique qu'elle n'avait pas voulu que je le sache, puisqu'elle pensait que je ne souhaitais plus jamais la revoir. Puis elle a cherché un travail, et c'est finalement le monde des assurances qui l'a attirée. Ensuite, elle est partie sur La Rochelle rejoindre son petit ami du moment, qui venait de trouver un emploi. Le groupe de Justine ayant un poste vacant là-bas, elle avait demandé sa mutation. Elle est séparée depuis six mois : son copain l'a trompée. En entendant cela, je ressens de la colère vis-à-vis de ce type ; comment peut-on tromper Justine quand on a la chance de l'avoir dans sa vie ? D'un autre côté, je suis soulagé de la savoir libre. Je continue de l'écouter, elle semble avoir besoin de parler en premier. Elle me raconte le coup de téléphone de Marco. Elle pensait à moi depuis un moment, mais n'osait pas me contacter, ni venir incognito au restaurant de peur que je ne sois en colère contre elle. Je la rassure en lui disant que je n'ai jamais été en colère contre elle, j'étais juste meurtri de l'avoir perdue, à tel point que je n'ai vécu aucune autre histoire sérieuse depuis. Je lui explique qu'entre-temps, je suis devenu insupportable dans mon travail, et qu'il fallait que mes relations sentimentales soient de courte durée. La chance que j'ai eue, ce fut Julia, qui est venue assister ma grand-mère, et ma rencontre avec Marco. Tous les trois m'ont appris à m'adoucir, et surtout, ils sont allés chercher mes blessures les plus profondes pour m'aider à les guérir. Justine vient soigner les dernières.

Nous discutons longuement et chacun prend conscience que notre attachement l'un pour l'autre est toujours là. Cependant, ce n'est plus celui de jeunes lycéens avec des rêves plein la tête, et aucun de nous n'est vraiment heureux aujourd'hui. Ma vie est ici, près de Célestine, mais également avec mon hôtel-restaurant, que j'ai enfin réussi à m'approprier et dans lequel j'ai osé marquer mon identité. Il est devenu mon refuge. En disant cela à Justine, je prends conscience que c'est ici que je suis heureux. Enfin !

40

Julia

En ce début de semaine, je retrouve Célestine et je l'informe de notre soirée avec Théo. Elle me raconte également que Justine et lui ont passé beaucoup de temps ensemble, et que son petit-fils semblait heureux d'avoir pu lui dire ce qu'il pensait. Il était soulagé de savoir que Justine avait éprouvé les mêmes sentiments que lui lors de leur séparation.

Après ma journée de travail, je décide d'aller chercher un cadeau pour l'anniversaire de ma patronne préférée, qui aura lieu dimanche. Je choisis un joli vase car elle aime avoir sa maison toujours fleurie. Je prends le temps de discuter avec le commerçant, qui connaît bien Célestine. Il est d'ailleurs très étonné qu'elle soit toujours aussi vaillante. Je l'interroge sur ses propos. C'est alors qu'il me raconte qu'elle a des soucis cardiaques depuis de nombreuses années. Cela ne le surprend pas vraiment, au vu du nombre de chagrins qu'elle a connus. À ses yeux, cette femme est très courageuse et elle a une grande résilience. Quand j'entends ces mots, je ressens que Célestine a toujours mis une dose d'amour dans tout ce qu'elle faisait. Cet homme a beaucoup d'admiration pour son amie. Je le remercie pour ce moment de partage et le joli papier cadeau.

Je rentre chez moi, un peu bouleversée par ce que le commerçant m'a révélé. Marco s'est mis derrière les fourneaux en m'attendant ; je lui explique ce que vient de me dire ce monsieur qui se nomme Marcel. Ce qui me questionne, c'est que Marco ne semble pas troublé par cette nouvelle. Comme je veux comprendre, il m'explique que Théo lui en avait parlé, et que le fait de me savoir présente auprès de sa grand-mère le rassurait. Cependant au départ, il avait eu un doute, pensant que je ne serais pas assez raisonnable. Aujourd'hui, il a une totale confiance en moi et il sait qu'en cas de souci, je prendrai les bonnes dispositions. Cette confiance me touche, mais je m'interroge tout de même.

Je raconte à Marco que lorsque j'avais accompagné Célestine à sa dernière consultation, elle m'avait demandé de rester dans la voiture. Quand elle était revenue, j'avais pris le temps de lui demander si tout allait bien. Elle m'avait répondu : « Si dans tes croyances tout va bien, c'est que tu n'as rien à craindre. » J'avais trouvé cela un petit peu étrange comme façon de penser. Étant donné qu'elle est toujours en forme, je ne me suis pas inquiétée. Or avec ce que m'a révélé le fleuriste, je commence à me dire qu'il va falloir que je la surveille un peu plus. Marco me rassure en m'expliquant que les choses se feront comme elles doivent se faire. Il voit toujours le côté positif, même dans les situations qui ne semblent pas en avoir.

Le lendemain, quand j'arrive chez Célestine, elle est en forme, je ne peux pas le nier. Cependant, je n'ai pas envie de lui dire que je suis au courant pour son état de santé. Je crains qu'elle ne le prenne mal, et surtout, qu'elle ne ressente mon inquiétude. Je décide de lui demander dans quel restaurant elle aimerait aller pour fêter son anniversaire. Elle me répond qu'elle souhaiterait aller à *L'Océane*, qui se situe en bord de mer. Je lui dis que je m'occupe de la réservation.

La semaine file à une vitesse éclair. Théo est bien occupé avec la saison qui arrive à grands pas. De plus, il passe toutes ses soirées au téléphone avec Justine. J'imagine qu'ils ont beaucoup de choses à rattraper après toutes ces années de silence. Marco m'a fait la confidence que Théo aimerait proposer à Justine de venir avec nous à l'anniversaire de sa grand-mère. Toutefois, il a peur que cette dernière ne se fasse des idées et que si ça ne fonctionne pas entre eux, elle ne soit déçue. À mon avis, il a tort ; s'il pense que Justine sera contente de venir, qu'il l'invite. Célestine sera heureuse et assez intelligente pour comprendre que s'il n'y a pas de suite, c'est que ce n'était pas bon pour eux.

Je me réveille de très bonne humeur : eh oui, nous sommes vendredi, et c'est le jour de ma balade sur la plage. Voilà ce rêve qui va enfin se réaliser. Après notre repas habituel, nous faisons route pour le centre équestre. Je retrouve mon copain Nuage. Apparemment, pour une première expérience comme celle-ci, c'est le partenaire idéal.

Je souris en voyant Marco et Théo, qui au passage étaient des cavaliers expérimentés dans leur jeunesse, ne pas sembler très à l'aise après tant d'années sans pratique. Puis nous partons tous les quatre en direction de la plage. Cette sensation me transporte : être posée sur cet animal, voir les embruns se déposer sur mon visage, sentir leurs bienfaits, cet air iodé que j'aime tant, regarder les oiseaux passer du sable à la mer. Tout est là. Je regarde le large et je pense au chemin parcouru. Bientôt un an que j'ai rencontré Théo et Célestine. Mon travail à l'école ne me manque pas du tout. Même si je m'inquiète pour la santé de Célestine, à cet instant précis je ressens un grand bonheur aux côtés de mon moniteur préféré, Olivier, et sur Nuage, qui a été mon premier compagnon pour réaliser ce rêve de petite fille. Théo y a aussi grandement participé en m'offrant plusieurs cours afin que je puisse être sereine pour ce moment. Même mon amoureux, qui est entré dans ma vie dans l'intervalle, savoure avec moi cette première expérience.

Grâce à ce travail, j'ai aussi retrouvé ma mère et ma sœur, qui a enfin quitté son conjoint. Après plusieurs discussions, elle a pris conscience qu'elle ne l'aimait pas comme ma mère avait aimé notre père. Elle avait pris le seul modèle qu'elle connaissait. Elle semble heureuse d'avoir fait ce choix, même si ce n'est pas simple tous les jours d'être seule avec deux petites filles. Elle garde l'espoir d'avoir un jour la chance de trouver un homme qui prendra soin d'elle. Je le lui souhaite du plus profond de mon cœur. Cette séparation a aussi été bénéfique pour ma maman : avec la situation de Stéphanie, elle s'occupe de ses petites filles, ce qui l'oblige à sortir de chez elle, à communiquer et à aimer de nouveau la vie.

Olivier me sort de mes pensées puisqu'il nous prévient que nous allons prendre le trot, puis faire un bout de la plage au galop. Je m'accroche légèrement à la crinière au départ : je reconnais que j'ai un peu peur que Nuage ne décide de partir plus vite que prévu. Olivier me demande de rester derrière lui. Théo et Marco ferment la marche.

Ce moment est juste extraordinaire avec ce soleil qui nous accompagne et les passants qui nous saluent. J'aime cette sensation de vitesse, ce vent qui accélère et mes yeux qui pleurent tout seuls. Je me suis mise en équilibre. Je ressens cette nouvelle énergie de Nuage, ce qui bouscule mon habitude du manège. C'est un sentiment magique, que j'étais loin d'imaginer. Cela me donne confiance en moi et me rappelle que la vie nous offre parfois nos vieux rêves, ceux que l'on avait mis dans un placard.

À la fin du galop, nous faisons demi-tour. Olivier a prévu que nous marchions dans l'eau : voilà encore une découverte. Nuage semble apprécier ce moment et plonge son nez en entier dans la mer. Parfois, il s'arrête et gratte. Les garçons m'ont dit de ne pas le laisser faire, car il pourrait se rouler. Et je n'ai pas spécialement envie de tenter l'expérience et de rentrer trempée aux écuries.

Une fois de retour et après avoir douché et soigné les chevaux, nous allons à la terrasse du club pour prendre un verre tous les quatre. Avec Olivier, nous nous remémorons mes débuts : en effet, je partais de loin. Je le remercie vivement de m'avoir appris autant et de m'avoir permis de réaliser ce rêve en sécurité, quand on sait qu'au départ, c'était juste l'envie d'une petite fille de sept ans de faire un tour de poney ! Sacrée Célestine, qui avait rajouté le désir de faire un galop sur la plage.

Marco m'a offert un abonnement pour tout le reste de l'année, afin que je garde le rythme et que je continue ma progression. Il a bien compris que l'équitation est aussi devenue une passion et que j'attends avec impatience ce rendez-vous hebdomadaire. Les garçons ont décidé que la prochaine étape pour moi serait de faire un petit concours. De mon côté, je n'ai pas trop envie de rire. Je n'avais jamais envisagé l'équitation dans ce sens. Bonne joueuse, je lance le pari : à l'automne, je ferai ma première compétition !

En début de soirée, Théo, Marco et moi repartons chez Célestine. Je m'empresse de lui raconter cette expérience inoubliable. Puis, nous la saluons avec la promesse de la retrouver pour célébrer dignement son anniversaire.

Nous sommes dimanche, une belle journée s'annonce. Marco et moi revêtons nos habits de lumière pour aller fêter les soixante-dix-sept ans de Célestine. Je m'amuse à penser : « Est-ce qu'un jour j'aurai cet âge-là ? » Pour l'instant, je suis heureuse d'être à ses côtés pour souffler ses bougies qui l'attendent. Nous arrivons chez elle. Théo est accompagné de Justine ainsi que de Molly. Il fallait absolument que le restaurant accepte les chiens, sans cela la dame du jour m'avait dit de trouver un autre lieu.

Nous arrivons tous les cinq au restaurant. La table qui nous est réservée offre une vue magique sur la mer. Le soleil lui aussi est au rendez-vous, ce qui donne une splendide lumière. Chacun choisit son menu ; ici c'est tout ce que la mer peut nous offrir. Célestine, qui aime les fruits de mer, se régale. Elle n'a certainement pas arrêté son choix par hasard. J'observe Théo : quand il pose son regard sur Justine, il semble apaisé. Il y a une jolie complicité entre eux. Lorsque je repense au Théo d'il y a un an, je souris intérieurement.

Après notre entretien et plusieurs semaines à travailler chez sa grand-mère, si quelqu'un m'avait dit que nous allions aussi bien nous entendre, partager tant de moments ensemble et nous entraider pour aller mieux, je lui aurais ri au nez !

Nous sortons du restaurant et décidons d'aller nous promener sur la plage. Je prends le bras de Célestine pour l'accompagner le temps de descendre. Nous avons aussi nos habitudes toutes les deux. Théo et Justine, eux, font un peu bande à part : ils sont partis devant avec la chienne, qui joue dans les vagues. Marco, comme à son habitude, regarde le ciel et les oiseaux avec cette sagesse qui le caractérise. Après ce bon bol d'air, nous rentrons car Célestine fatigue. Cette histoire de problème cardiaque me préoccupe. Depuis, j'ai tout le temps l'impression qu'elle est fatiguée. Pourtant, son visage est apaisé et heureux après cette belle journée en son honneur.

Quand je rentre chez moi, je téléphone à ma mère pour organiser mon arrivée avec Marco chez elle le week-end prochain. Étant donné que Stéphanie sera également présente avec mes petites nièces, nous avons fait le choix de prendre un hôtel. La maison de ma mère n'étant pas très grande, je ne souhaite pas qu'elle s'angoisse pour savoir comment nous loger. Nous serons là samedi à midi, afin de passer un bon moment en famille. Pour le coup, Marco sera le seul homme, et comme rien ne le perturbe, il ne s'en inquiète même pas ! Je suis tellement heureuse de préparer ces moments avec ma mère, et sa voix est de plus en plus enthousiaste. Elle m'a même annoncé qu'elle avait commencé à aménager son jardin avec différents plants. Cela me donne une bonne idée de cadeau.

Je ne remercierai jamais assez Célestine pour ce qu'elle a fait pour nous deux. Retrouver sa maman, ça n'a pas de prix, surtout quand je pense à Théo, cela me rappelle que j'ai eu beaucoup de chance.

41

Théo

Voilà, le mois de mai est déjà sur la fin ; j'aime beaucoup cette période de l'année. Elle annonce la saison à venir tout en nous maintenant dans un rythme normal au sein de l'établissement. Dehors, la nature est très belle. La douceur des températures et les jours qui rallongent nous offrent de la sérénité. Je suis rassuré, car le planning affiche complet et nous avons une bonne équipe cette année. Quand je repense à mon comportement au même moment l'année dernière, j'ai un peu honte. Comme quoi, même un têtu de mon espèce peut s'ouvrir et s'améliorer.

Avec Justine, il n'y aura pas de suite. Nous nous sommes rendu compte l'un comme l'autre que nous avions gardé les souvenirs des jeunes adultes que nous étions. Cependant, une belle amitié est née ; nous sommes attachés l'un à l'autre mais plus amoureux. Nous souhaitons préserver ce lien d'amitié. C'est tellement plus simple. Nous nous sommes aimés, déchirés. Il ne reste que le meilleur et aucun sous-entendu possible.

Finalement, les histoires d'amour ne finissent pas toujours mal. Cela me permet de me sentir libre de nouveau, car finalement je vivais dans une dépendance affective vis-à-vis d'une personne qui n'était plus celle que j'avais connue. À bientôt vingt-sept ans, je pense que j'ai encore une chance de rencontrer une femme avec qui je pourrais vivre une histoire d'amour stable. Choisir d'avoir des aventures sans lendemain était aussi un moyen détourné de garder une place pour celle que je ne pensais jamais pouvoir cesser d'aimer. Avec ces retrouvailles, chacun de nous est libéré car j'avais également, sans le savoir, pris la place d'un futur compagnon de vie pour Justine.

Un jour, Marco, qui voit toujours le verre à moitié plein, m'a conseillé : « Si tu n'es pas capable de t'aimer toi-même d'un amour intense, tu ne risques pas d'aimer quelqu'un d'autre. » Pour lui l'amour, c'est comme une bouteille : quand tu as énormément d'amour envers toi-même, la bouteille déborde et tu cherches à partager le trop-plein avec quelqu'un d'autre, qui remplit ta bouteille également. J'ai bien aimé sa métaphore. Donc d'après ses dires, je dois déjà me concentrer sur mon amour pour moi, sans pour autant me dire que je suis le plus beau, et être amoureux de tout : de la vie, de la nature, des gens. Une fois que ce sera naturel, je rencontrerai forcément la femme qui viendra juste pour apporter sa touche et non pas pour combler des manques. Alors j'apprends à aimer ce que je vois, ce que je rencontre. Ce n'est pas parfait, mais chaque jour j'avance un peu, avec le sentiment de faire de mon mieux.

Alors que je suis en réunion avec un fournisseur et Pauline, mon téléphone sonne. C'est Julia, je ne réponds pas. Je la rappellerai à la fin du rendez-vous. Puis elle tente à nouveau. Comme elle ne me contacte jamais, je commence à paniquer un peu. Je m'excuse et je vais dans le couloir afin de prendre son second appel.

— Allo.

— Théo, c'est Julia. Viens vite, Célestine ne se réveille pas.

— Quoi ? hurlé-je.

— J'ai appelé les secours, ils sont en route.

— J'arrive.

Le son de ma voix a certainement alerté Pauline, qui est sortie de la salle. Elle me regarde et me dit : « Fonce, je finis l'entretien. » Je cours au plus vite chez ma grand-mère tout en pensant : « Non, pas maintenant, je ne suis pas prêt. » Je ne veux pas envisager le pire. En arrivant, je pars directement dans sa chambre. Mon cœur bat la chamade, je suis mort de peur aussi, mais l'envie de voir que tout va bien est plus forte.

Je retrouve Julia en larmes qui tente un massage cardiaque, mais en voyant le visage de la femme qui est toute ma vie, j'ai déjà compris. Je m'approche en douceur et prends Julia dans mes bras afin qu'elle arrête. Elle est inondée de larmes. Elle ne cesse de me dire : « Je suis désolée, j'aurais dû venir plus vite en voyant qu'elle ne se levait pas, je suis désolée. » Je la rassure, elle n'y peut rien. Nous le savions, les médecins nous avaient prévenus. Célestine savait aussi que c'était le risque. Mais quoi de plus beau que de partir pendant son sommeil ; nous en rêvons tous un peu : pas de souffrance, elle est chez elle, dans sa maison. Encore ce matin, je l'ai vue faire le tour de son jardin. Célestine était fatiguée. À cet instant, je perds ma maman et la magnifique mamie qu'elle a été pour moi. Je pleure en prenant sa main, qui est encore chaude.

Nous entendons les secours et Julia part à leur rencontre. Je profite de ce moment pour dire merci à ma grand-mère pour tout ce qu'elle a fait pour moi : de m'avoir autant aimé, de m'avoir protégé, et surtout, de m'avoir aidé dans les moments difficiles. À cette pensée, je me rends compte que je vais devoir affronter tout seul ce manque qui est déjà envahissant. C'était la crainte de Célestine : que je sois seul à son départ. Je voulais la rassurer, mais j'ai échoué. Cependant, je sais que je serai plus fort dorénavant, pour ne pas faire n'importe quoi et honorer sa mémoire.

J'entends les talons de Julia qui claquent au sol ; elle est suivie des secours. J'embrasse ma grand-mère encore une fois. Je ressens cette peau que j'ai tant touchée petit, cette peau qui m'a souvent pris dans ses bras, cette odeur qui me rassurait. Je garde cette sensation en mémoire, car dans quelques minutes Célestine va partir afin de se faire belle pour son dernier voyage. J'espère qu'il sera agréable et qu'elle va retrouver les siens. C'était dans ses croyances, je le lui souhaite profondément.

Après ce moment éprouvant, je rentre chez moi. Je n'ai pas eu le temps de comprendre, car tout est allé vite, trop vite. Comme si notre société ne voulait pas nous laisser respirer deux minutes pour que nous puissions faire toutes ces démarches qui n'en finissent plus. Je suis anesthésié et enfin, je pleure. Molly me rejoint : Célestine avait raison, je ne suis pas complètement seul. Marco et Julia m'ont proposé de venir me voir, mais j'ai besoin de silence, de calme, et surtout, de pleurer pour libérer tout ce qui est coincé. Ma grand-mère, ma confidente, mon amie, n'est plus…

42

Julia

Aujourd'hui, ce sont les obsèques de Célestine. Depuis ce moment où j'ai cherché à la réveiller, je ne suis plus vraiment là. J'aide Théo comme je peux, je pleure beaucoup, et parler me demande un effort surhumain. Cette femme aura bouleversé ma vie en si peu de temps. Je ne me souviens pas d'avoir été dans cet état quand mon père est mort. Finalement, Célestine m'offre un dernier cadeau : celui de pleurer aussi mon père. Avec son décès, beaucoup de choses remontent en moi, comme des flashs oubliés dans ma mémoire.

Nous sortons de la chambre funéraire pour aller vers l'église. Beaucoup de monde est passé ces deux derniers jours, pour un ultime au revoir. L'amour de Célestine pour les autres devait être immense depuis bien longtemps à entendre les gens qui sont venus. Les parkings sont remplis, signe de ce qu'elle était : généreuse, aimante et courageuse. Elle a certainement, et sans même le savoir, inspiré beaucoup de personnes.

Théo nous a demandé de l'accompagner tout au long de la cérémonie. Comme pour se justifier de cette demande, il nous a dit que nous étions, Marco et moi, comme un frère et une sœur pour lui. Cela m'a beaucoup touchée. Par la force des choses, il ne lui reste personne. J'avais promis à Célestine de prendre soin de Théo et de faire attention à ce qu'il ne se plonge pas dans le travail pour oublier ses peines. Chose qu'il ne fera sans doute pas : Pauline a déjà repris beaucoup de ses responsabilités. Je veille au grain.

La cérémonie passe vite, j'ai envie de retenir le temps afin de rester encore près d'elle. L'idée qu'elle soit enterrée me donne le sentiment que l'on me l'arrache. Elle me disait : « Mais non Julia, nous ne sommes qu'une enveloppe. Une fois morts, nous pouvons aller partout, nous ne sommes plus retenus par cette carcasse. » Cela me semble un peu flou, pour ne pas dire complètement impossible. Pour le moment, je suis sans doute trop attachée à ce que je vois dans la matière. Je me souviens qu'un jour, elle m'avait dit de choisir un animal, une fleur ou une musique. Quand ce « symbole » serait trouvé, je devais le dire à Célestine. Elle m'a expliqué que chaque fois qu'il apparaîtrait dans ma vie par hasard, ce serait le signe qu'elle serait là. J'avais trouvé cela un peu étrange, mais à cet instant, dans cette église, je me rends compte que finalement je peux me raccrocher à cette idée. Pour elle, un papillon blanc, c'était son fils, la musique classique, son mari, et le mot « peinture », entendu ou écrit, c'était Rose.

Je prendrai le temps de chercher ce symbole qui me suivra toute ma vie, ou alors il viendra à moi comme une évidence. Ce sera notre code bien à nous.

La cérémonie terminée, nous partons à pied jusqu'au cimetière. Je n'aime pas ce moment, mais je n'ai pas envie de laisser Théo tout seul. Au loin, j'aperçois ma mère accompagnée de ma sœur. Je décide d'aller les voir.

— Bonjour Maman, bonjour Stéphanie. C'est gentil d'être venues.

— C'est normal Julia, Célestine a été une très belle rencontre, et plus encore, chuchote ma mère, tout en me prenant dans ses bras.

— Vous venez avec nous au restaurant après, pour boire un verre ? C'est la tradition ici.

— Oui, avec plaisir. Je prendrai le temps de saluer Théo là-bas. Comment il va ?

— Pas bien, tu t'en doutes. Je pense qu'il n'a pas encore réalisé. Il y a tellement de démarches que pour prendre le temps de s'écouter, c'est impossible. À partir de demain, nous devrons être vigilants.

— Oui ma fille, et encore longtemps après. Le deuil, s'il existe, demande du temps. Parfois, des rechutes arrivent sans crier gare !

En écoutant ma mère, je m'interroge sur « si le deuil existe » et « les rechutes ». Je ressens que c'est un conseil qui n'a pas été dit sans raison. Cela semble être du vécu. Je tâcherai de m'en souvenir pour Théo et pour moi-même. Célestine n'était pas juste ma patronne, elle était aussi mon amie, et surtout, celle qui permet qu'aujourd'hui, à cet instant, ma sœur, ma maman et moi soyons réunies. Si elle nous voit d'où elle est, je ne doute pas une seconde qu'elle est heureuse.

Déjà une semaine que Célestine est partie. Théo m'a demandé de ranger la maison de sa grand-mère et de vider ce qui doit l'être. De son côté, il ne s'en sent pas capable. En revanche, il souhaite s'y installer. Je lui ai conseillé d'attendre, afin de voir si ce choix est le bon. Cela implique en effet qu'il va vivre sur son lieu de travail.

En attendant, je garde mes horaires habituels. Or cette maison sans Célestine n'est plus celle que j'ai connue. Je ressens le vide. Je ne sais pas si je vais pouvoir continuer longtemps. Je le fais pour Théo, mais clairement ce n'est pas évident. Les objets, les photos, les vêtements qu'elle a eu l'occasion de porter en ma présence, tout cela ravive son souvenir.

Après trois heures de ménage intense, je décide d'aller manger un morceau avec l'équipe du restaurant. Je retrouve Simon, qui semble un peu agacé. J'ose lui demander ce qui ne va pas.

— La saison arrive à grands pas, et Théo va être incapable de gérer.

— Pourquoi penses-tu que Théo n'arrivera pas à gérer ?

— Tu vois comme moi dans quel état il se trouve.

— Laisse-le respirer un peu, il va se reprendre quand il en sera capable.

— Oui, je sais. Je suis désolé, je stresse vite.

— Demande à Pauline en cas de problème. Elle connaît la maison comme si c'était la sienne. Elle ne t'abandonnera pas.

— Merci Julia, j'ai un peu honte. J'imagine que pour toi, c'est compliqué également.

— Oui, elle me manque beaucoup.

— Tu as cherché un autre travail ?

— Non. Pour le moment, Théo m'a demandé de rester pour vider la maison.

— Tu vas rester un moment alors.

— Je ne sais pas. Célestine avait déjà fait beaucoup de tri au décès de son mari.

Cette discussion m'a mis le moral au plus bas. Il va bien falloir que je recherche un nouvel emploi. Sauf que je me sentais tellement bien ici que rien ne me donne envie. Je dois tout de même commencer à y réfléchir et ne pas attendre que Théo me licencie pour commencer à entreprendre mes recherches. En rentrant à la maison, je retrouve Marco qui est derrière les fourneaux.

— Coucou. Désolée, j'arrive tard. Je suis restée boire un verre avec une partie de l'équipe et Théo.

— Pas d'inquiétude. Installe-toi, c'est prêt, je vais te servir.

Je m'assois à table et j'observe Marco : il est aux petits soins pour moi. Je vois bien qu'il souffre aussi en ce moment. Il passe beaucoup de temps avec Théo, mais cela ne doit pas être simple de chercher à faire au mieux pour accompagner un chagrin, qui finalement est inconsolable. Seul le temps pourra nous aider.

Nous prenons place sur le canapé pour regarder la télévision. Chacun semble épuisé par ces derniers jours. D'ailleurs, je pense que c'est plutôt la télévision qui nous regarde. Puis, sans que je m'y attende, Marco m'annonce qu'il doit nous révéler une information à Théo et à moi-même. Pour cela, il souhaite que nous soyons tous les trois réunis chez Célestine demain en fin d'après-midi. Je cherche à en savoir plus, mais il me demande de ne pas insister et me dit que ce n'est pas simple à expliquer. Je vois qu'il est un peu tendu, donc j'arrête de poser des questions. Je décide d'aller me coucher, mais j'ai beaucoup d'interrogations. Je lui fais confiance, car il a toujours su mettre les mots justes avec douceur. Ce qui m'inquiète, c'est la façon dont il me l'a demandé, comme s'il craignait nos réactions une fois qu'il nous aurait tout dit.

43

Marco

Ce matin, je me réveille près de Julia avec la peur que ce soit la dernière fois. Ce soir, je vais devoir révéler le secret de Célestine. Je ne sais pas pourquoi j'avais accepté ce deal. Certainement parce que Célestine était une femme convaincante et soucieuse. Je n'avais pas prévu de me lier d'amitié à ce point avec son petit-fils, ni de tomber amoureux de sa femme de compagnie. Cependant, Julia n'était pas encore entrée dans sa vie. Quand ils vont savoir que je leur ai menti, ils vont m'en vouloir, et j'ai peur de les perdre. Néanmoins, ils doivent connaitre la vérité, j'en avais fait la promesse à Célestine, je ne peux plus faire marche arrière.

J'arrive au lieu de rendez-vous. Je vois Julia à travers la fenêtre avec un carton. Je sais que cette période est difficile pour elle. Par chance, j'ai eu le temps de récupérer les lettres cachées. Elles étaient bien à l'endroit que Célestine m'avait indiqué. Je les mets dans ma poche afin de les leur donner après notre échange. Si par malchance, ils décident de me mettre à la porte, j'aurai au moins la possibilité de leur laisser la preuve de mon discours.

Je retrouve Julia qui paraît épuisée par cette nouvelle journée. Je l'invite à aller se poser sur le canapé en attendant Théo. Celui-ci arrive au même moment. Je le salue, puis nous échangeons tous les trois sur la journée. Théo a des cernes qui lui enlèvent toute la fraîcheur qu'il avait retrouvée ces derniers mois. En revanche, le garçon rencontré la première fois avec son air supérieur n'est pas revenu. Non, j'ai devant moi un homme détruit par la peine. Je vais essayer d'y aller en douceur. Quand tout le monde est détendu, je décide de leur expliquer pourquoi je leur ai demandé de venir.

— Je vous ai donné rendez-vous à tous les deux parce que Célestine me l'avait demandé. Je ne sais pas si je vais bien vous expliquer les choses, toutefois je vais tâcher de faire au mieux. Et je veux que vous sachiez que je vous aime très fort tous les deux.

— Tu me fais un peu peur Marco, déclare Théo.

— Moi aussi, je crains que vous ne m'en vouliez. Néanmoins, j'ai fait une promesse et je dois m'y tenir au risque de ne plus vous revoir.

Je vois le visage de Julia se décomposer, pourtant je sais au fond de moi qu'elle m'aime suffisamment pour ne pas m'en vouloir. C'est plus la réaction de Théo que j'appréhende, et les éventuelles conséquences pour l'avenir de Julia. Je décide de me lancer.

— Tout a commencé lors d'une consultation avec Célestine à mon cabinet. Comme vous le savez, j'étais son podologue. Nous avons sympathisé ; avec elle, ce n'était pas difficile. Puis un jour, elle est venue sans rendez-vous. Je l'ai accueillie et elle m'a expliqué que toi, Théo, tu traversais une mauvaise période. Elle craignait que tu ne deviennes un « homme à femmes et à fric », comme elle le disait. Alors elle m'a demandé d'aller à la soirée de ce nouveau bar, car elle savait que tu serais présent. Mon rôle était de sympathiser avec toi afin que je t'éloigne de tes fréquentations. Sur le coup j'ai refusé, en lui disant que ce n'était pas à moi de décider si ce que tu vivais était bon pour toi ou pas.

— Elle t'a payé ? me demande Théo.

— Non, pas du tout. J'ai accepté car elle m'a expliqué ton histoire. Quand je t'ai rencontré, j'ai compris ses craintes. Mais comme je connaissais ton passé et que je savais pourquoi j'étais là, j'ai fait comme si. J'avoue que sans cette conversation avec ta grand-mère, je ne pense pas que nous serions devenus amis. Aujourd'hui, je sais que cela aurait été dommage car tu es quelqu'un de bien, et dont j'apprécie la compagnie.

— Merci, même si je ne te cache pas que je suis un peu contrarié par ce que tu viens de nous annoncer.

— Je m'en doute. Toutefois, le mensonge le plus gros est à venir.

— Ah, tu me fais peur Marco, annonce Julia.

— Quand nous avons vidé le grenier, tout avait été mis en scène pour que vous trouviez les lettres et les tableaux. Célestine ne connaissait pas leur contenu, mais comme elle ne savait pas comment te les remettre après tant d'années, nous avons mis au point ce stratagème. Elle se savait malade, et l'idée que tu découvres tout cela sans sa présence ici l'insupportait.

— Donc, si je comprends bien, tu as joué un rôle ce jour-là ?

— Oui, Théo. Mais je te promets que je ne savais pas ce que tu allais découvrir. Je l'ai fait pour toi et Célestine, car je n'aimais pas l'idée du mensonge.

— Et la suite ?

— Ensuite, elle a décidé d'écrire une lettre à chacun de vous ; je vais vous les donner tout à l'heure. Théo, ne doute jamais de l'amour de ta grand-mère. Quant à toi Julia, tu as été un rayon de soleil pour elle. Elle te disait que tout allait bien, elle voulait te protéger. Je pense qu'elle craignait que tu n'appréhendes d'arriver chaque matin. Elle me disait : « Je souhaite que Julia ne me retrouve pas dans mon lit. » Mais la vie en a décidé autrement, j'en suis désolé.

— Ce n'est pas de ta faute, me rassure Julia.

— Je sais, mais si j'avais pu te soutenir, je me serais senti mieux. J'espère que vous ne m'en voulez pas.

— Non Marco, je ne t'en veux pas. Je te trouve courageux, et je sais que l'homme que j'aime l'a fait avec son cœur, sans penser à mal.

— Et toi Théo ?

— Je ne sais pas, je suis un peu contrarié.

— Je comprends. Je n'avais pas prévu que nous soyons si proches. Cela étant, sache que tu es un réel ami. Après, si tu souhaites que l'on en reste là, je comprendrai. Mais tu vas me manquer.

— Laisse-moi un peu de temps. J'ai besoin de faire le point.

— Promis, je ne vais pas te harceler. Voici vos lettres. J'espère qu'elles vont vous soulager un peu.

Une fois que chacun a récupéré sa lettre, je prends mes clés de voiture afin de rentrer chez moi. Je me sens soulagé d'un poids qui était un peu lourd à porter. J'ai le sentiment d'avoir accompli ma mission pour cette petite mamie. En arrivant à la maison, je prends une bière et me pose dans mon fauteuil. Puis, sans que je m'y attende, je pleure comme un gamin. Je pleure la perte de cette femme, car elle m'a beaucoup appris par sa sagesse. Je pleure aussi mon copain : si Théo décide de couper les ponts, il va énormément me manquer. Concernant Julia, j'ai pris le temps de l'observer. Il y avait encore de l'amour dans ses yeux. Je ne pense pas qu'elle m'en veuille d'avoir joué un rôle. J'espère que Théo ne va pas trop me démonter auprès d'elle et la faire douter. Cette femme est libre comme l'air, c'est ce que j'aime chez elle. Même si je me sais assez fort, si elle me quitte, j'aurai l'impression d'avoir tout perdu pendant un moment. Comme me disait Célestine : « Fais confiance à la vie, elle te rendra tout ce que tu as donné » ; j'espère qu'elle ne va pas me prendre ma Julia.

Dans quelques semaines, ils vont recevoir une nouvelle lettre et ce sera le signe que j'aurai fini ma mission auprès de Célestine. Le temps va me sembler long.

44

Théo

Nous sommes fin juin et la saison bat son plein. Deux semaines déjà ont passé depuis notre discussion avec Marco. J'ai pris le temps de lire la lettre de ma grand-mère, qui cherchait à le protéger. Julia arrive à la fin de son contrat, la tension est palpable. De son côté, elle veut protéger Marco également. Pour ma part, je suis déçu, et j'ai un sentiment de trahison. Je veux bien croire que Célestine a toujours eu des idées farfelues pour obtenir ce qu'elle souhaitait, mais de là à accepter cet arrangement, je suis mal à l'aise vis-à-vis de Marco. Quelque chose s'est cassé et je ne suis pas certain d'être capable de le réparer. Cependant, j'ai de la peine de devoir me séparer de Julia, car je me suis attaché à elle. Elle a certes une personnalité originale, mais elle a aussi beaucoup de sensibilité, ce qui me touche.

Je reconnais le son du pas de Pauline, qui devait me rejoindre dans mon bureau afin de faire le point sur la suite. Elle frappe à la porte.

— Entre Pauline.

— Comment vas-tu ce matin Théo ?

Que lui répondre ? Nous sommes collègues de travail et non pas amis. Je ne peux pas lui exposer mes ressentis personnels. Je prends alors conscience que je suis seul ; certes j'ai Molly, mais elle ne parle pas, je reste donc à ressasser ma douleur. Si Célestine me voyait, elle aurait l'impression d'avoir échoué.

— Très bien, installe-toi.

— Tu sais Théo, si tu as besoin de prendre du temps pour toi, je peux travailler un peu plus.

— En pleine saison, hors de question. De toute façon, il ne me reste que le travail pour ne pas penser. Donc le sujet est clos.

— Comme tu veux, mais ma proposition tiendra aussi longtemps que tu en auras besoin.

— Merci, c'est gentil.

Sa délicatesse me touche, signe que je ne suis pas juste son patron. Mais l'idée de rester chez moi toute la journée à ne rien faire me donne le tournis. Nous commençons à regarder les sujets du jour. L'équipe pose déjà problème. Et sans que je m'y attende, Pauline lance une suggestion.

— Peut-être pourrions-nous proposer le poste de l'accueil à Julia ?

— Hors de question !

— Pourquoi ? Elle connaît déjà une partie du fonctionnement, elle est fiable et ça tu le sais déjà. En plus, je suis certaine qu'elle sera parfaite avec les clients.

— Non, car je ne veux plus avoir de contact avec Marco.

— Écoute Théo, je ne me suis jamais mêlée de ta vie privée, cependant je travaille avec toi depuis plusieurs années. Je ne te cache pas qu'à une certaine période, l'idée de partir m'a souvent traversé l'esprit, non pas que le poste ne me plaise pas, mais à cause de ton caractère. Depuis que Marco est entré dans ta vie, tu as complètement changé. D'ailleurs, nous n'avons eu aucun souci avec le personnel. Depuis le décès de Célestine, tu as du chagrin, du manque, nous pouvons tous le comprendre. Mais ton côté acariâtre revient depuis que tu ne côtoies plus Julia et Marco. Je n'en connais pas la raison, mais ce que je sais, c'est qu'elle a certainement plus de valeur que tu ne le penses.

— Si tu ne sais rien, alors ne dis rien.

Quand je prononce cette phrase, je vois que je la blesse et je m'en veux. Ses yeux brillent et les larmes ne sont pas loin. Pauline m'a toujours soutenu, supporté, et je suis injuste avec elle.

— Désolé, je n'aurais pas dû te dire cela, pardon de t'avoir blessée.

— En effet tu m'as blessée. Nous avons fini ?

— Oui, je pense. Encore pardon.

Je la vois se lever et prendre ses affaires ; je ne veux pas qu'elle parte triste, blessée ou fâchée. Je dois agir et maintenant. Je vais vers la porte pour lui faire barrage, afin de finir cette conversation.

— C'est d'accord pour Julia. Je vais la contacter afin de savoir si le poste peut l'intéresser et pour lui donner les horaires. Je m'excuse, je ne dois pas m'en prendre à toi ni au reste de l'équipe, vous n'y êtes pour rien.

— Alors je vais te donner un conseil, après tu en feras ce que tu veux : téléphone à Marco, il est passé au restaurant trois fois déjà, mais tu as refusé de le voir. Il ne va pas bien non plus. Je trouve dommage de voir deux personnes qui s'aiment se rendre malades. Tu sais au plus profond de toi que Célestine a agi ainsi parce qu'elle t'aimait. De mon côté, si tu deviens à nouveau comme l'ancien Théo, sache que ma lettre de démission peut encore arriver sur ton bureau.

— Tu as raison, je vais régler tout ça. Promis.

Sans savoir pourquoi, je la prends dans mes bras et je la remercie doucement. Pauline a raison de me parler ainsi. Même si mon égo en prend un coup, je ne lui en veux pas. Je dois me ressaisir et cesser de m'en prendre aux gens que j'aime et qui me manquent.

Une fois Pauline sortie, je contacte Julia et lui demande de me rejoindre pour lui proposer le poste. Elle me répond et arrive dix minutes après. Je ne retrouve pas la Julia que je connais : elle a des cernes et paraît triste. Je me dois de la consoler un peu. Elle a beaucoup fait pour nous, c'est à mon tour de veiller sur elle.

— Bonjour Julia, installe-toi.

— Merci, pourquoi souhaites-tu me voir ? ose-t-elle me demander.

— Comme tu le sais, tu arrives à la fin de ton contrat puisque la maison est vide. Étant donné que nous avons besoin de quelqu'un à l'accueil pour l'hôtel et le restaurant, Pauline a immédiatement pensé à toi. Qu'en penses-tu ?

— Je ne sais pas pour l'instant, il faut que je prenne le temps d'y réfléchir.

— Je comprends, en plus les horaires sont en coupe.

— Ce ne sont ni les horaires ni le travail qui me dérangent, mais la tension qu'il y a entre Marco et toi. Je ne souhaite pas être prise entre vous deux.

Je n'avais pas pensé à cette éventualité. Il est clair que leur couple se porte bien, ils semblent attachés l'un à l'autre. L'idée de se retrouver entre nous deux ne l'enchante pas, c'est compréhensible. Je me dois de crever l'abcès avec Marco, absolument.

— J'avais prévu de l'appeler ce soir pour lui proposer d'aller boire un verre ensemble afin que l'on puisse s'expliquer.

— Je suis contente de ta démarche, car ce n'est plus du tout l'homme que j'ai rencontré. Il souffre de ta distance, et surtout, de ton silence. Certes, cette révélation nous a affectés tous les deux : toi en tant qu'ami et moi en tant que petite amie. Mais n'oublie pas que cette idée venait de ta grand-mère, et Marco n'avait pas prévu que nos liens allaient évoluer dans ce sens.

— Il aurait peut-être pu nous en parler avant tout de même.

— Célestine ne le voulait pas, elle craignait que nous ne lui en voulions. Donc il a respecté sa décision. Cela étant, il n'était pas obligé de nous en parler, et je trouve courageux de sa part de l'avoir fait.

Julia a raison : il a certainement fait le choix le plus difficile. Il aurait souffert de garder le silence. De plus, je dois bien admettre que je ne l'épargne pas. Julia, grâce à son optimisme, a réagi de la bonne manière : comprendre la démarche, ressentir la difficulté et avancer. De mon côté, c'est cette manie de voir tout en noir et ma colère qui ont parlé.

Julia finit par accepter que je lui explique le poste à pourvoir. Ensuite, nous parlons un peu de la lettre que Célestine lui a écrite. Tout comme dans la mienne, ce sont surtout des conseils de vie et ses sentiments vis-à-vis de nous. Sur le coup j'avais espéré autre chose, mais sans savoir quoi. Néanmoins, je sens que nous n'en avons pas encore fini. Julia confirme mon impression. L'avenir nous dira si nous avions raison ou tort de penser cela.

À la fin de la journée, je récupère Molly dans le jardin de Célestine. J'en profite pour aller voir la maison. En entrant, la nostalgie me reprend : voir ce lieu vide alors que je l'ai toujours connu aménagé me donne envie de vendre la propriété car finalement, m'installer ici, ce n'est peut-être pas une si bonne idée. En plus, je ne suis pas certain de trouver rapidement un acquéreur prêt à acheter une jolie maison, avec un grand jardin, aussi proche d'un hôtel. Il faudrait peut-être creuser l'idée de Pauline qui était de la proposer à la location pour la semaine. Les personnes pourraient ainsi profiter des espaces qu'offre l'établissement, sans être obligées d'y séjourner. Je vais prendre le temps de poser le pour et le contre. Mes grands-parents n'ont jamais accepté l'idée qu'un humain, un animal ou un lieu ne servent pas. Alors c'est à moi de lui trouver un rôle à cette belle maison, celle de ma jeunesse.

45

Julia

En rentrant chez Marco, je le retrouve comme tous les soirs depuis dix jours : sur le canapé, une bière à la main, le visage tendu et triste. Je lui propose de faire une petite balade. En cette période, il est dommage de ne pas profiter des jours les plus longs et de la fraîcheur du soir. Je m'attends à une réponse négative, néanmoins j'essaye de l'aider à ma façon. Contre toute attente, il accepte. Nous partons tous les deux main dans la main. Cela me fait un bien fou de l'avoir près de moi et surtout, qu'il ait accepté ma proposition me rassure. Il va remonter la pente, j'en suis certaine.

Après dix minutes de marche silencieuse, j'ose lui dire que Théo va lui téléphoner. Je vois alors les traits de son visage se détendre. J'en déduis que j'ai eu raison d'insister auprès de Théo : Marco n'ira pas mieux tant qu'ils n'auront pas pris le temps de parler. Je lui annonce aussi sa proposition de travail. Il ne me donne aucun avis, il pense que c'est à moi de savoir si je souhaite ce poste ou pas. Ce que j'aime chez Marco, c'est qu'il ne joue pas les sauveurs, il est mon compagnon, et comme son nom l'indique, il m'accompagne dans mes choix. À aucun moment, il n'ose me donner son opinion si je ne lui demande pas. Je trouvais ça étrange au début : habituée à un père qui décidait de tout, j'ai toujours pensé que si je n'avais pas l'aval de la personne avec qui je vivais, je ne devais pas le lui imposer. Marco, lui, pense que c'est le schéma idéal pour tuer un couple. Il y a des sujets qui se discutent à deux, mais la liberté de chacun doit être la priorité, sinon l'un des deux se fane avec le temps et entraîne l'autre avec lui. En général, cela provoque des infidélités, des tensions, et peut mener jusqu'au divorce. J'aime sa façon de voir les choses, et surtout, le point d'honneur qu'il met à me surprendre et à ne jamais laisser la routine s'installer, car elle est mortelle quel que soit le domaine. Nous sommes ensemble depuis quelques mois, j'espère que nous saurons être vigilants.

Pendant que je prépare le repas, le téléphone de Marco sonne, il me fait signe qu'il va dehors : c'est Théo. Mon cœur s'accélère, je souhaite sincèrement que tout ira pour le mieux. Il revient rapidement, m'annonce qu'il dîne avec moi et qu'il part ensuite rejoindre Théo en ville pour boire un verre avec lui. Je suis heureuse pour eux, avec évidemment l'espoir que tout s'arrange. Nos moments à trois me manquent, à quatre aussi. D'ailleurs, je ne monte même plus à cheval, car le vendredi n'existe plus. Célestine doit être déçue, elle qui avait mis en place ce rendez-vous. Le vendredi nous offrait toujours une certaine joie entre la préparation du menu et les après-midis au centre équestre ; même Théo ne le prend plus en jour de congé. Il a peut-être effacé tous les vendredis du calendrier.

Le lendemain matin, je retrouve Marco au petit-déjeuner. J'ai dormi comme un bébé et je ne l'ai pas entendu rentrer. En le voyant, je sais déjà que tout s'est bien passé. Je lui laisse le temps de s'installer, afin qu'il n'ait pas le sentiment de vivre une agression matinale. Personnellement, il me faut toujours dix minutes le matin avant de parler. Je respecte Marco, qui est comme beaucoup d'entre nous : silencieux avant de prendre son café. À son sourire, je comprends qu'il est exceptionnellement pressé de me raconter.

— Ta soirée s'est bien passée ?

— Oui, me voilà soulagé. Nous avons mis tout à plat. Il était un peu vexé de cette mise en scène avec sa grand-mère. J'ai pris le temps de lui rappeler les inquiétudes de Célestine et comment elle le voyait à l'époque.

— Il avait oublié le grincheux hautain qu'il était ?

— Oui, et il n'en avait pas conscience. Cependant, il ne souhaite pas redevenir le même. Il souffrait d'être comme ça d'une certaine manière, mais il n'avait personne pour le guider, et surtout, pour lui montrer que l'on peut lâcher un peu prise sans que tout s'écroule. Faire une promesse aux gens que l'on aime c'est bien, s'en rendre malade, ce n'est pas le but.

Je sens mon corps qui se détend : je n'avais pas pris conscience que cette tension me pesait autant. J'aime Marco, sa souffrance est aussi la mienne. Quant à Théo, c'est devenu un ami, nous avons partagé des moments difficiles de nos vies. L'observer sombrer sans pouvoir agir à cause de son caractère têtu me bouleversait également. Savoir qu'ils sont à nouveau amis me remplit de joie.

Quand je finis de prendre ma douche, je me rends compte que je ne suis pas en avance pour mon rendez-vous avec Pauline. Je passe la matinée avec elle afin qu'elle me présente le poste dans les grandes lignes : le but de cette rencontre est de savoir s'il peut me plaire, et surtout, si j'ai les compétences pour l'honorer.

Cette matinée fut riche en informations. Je retrouve maintenant Marco pour manger dans une brasserie. Je lui explique tout ce que je devrai gérer : le logiciel des réservations, le téléphone, l'accueil des clients sur le site, donner le planning aux femmes de ménage pour qu'elles sachent si le client reste le soir ou si c'est une chambre à faire complètement, les réservations des petits-déjeuners auprès du boulanger pour le lendemain. Je suis épuisée. Il faut dire que Célestine me chouchoutait, nous allions à son rythme. Néanmoins, j'ai beaucoup aimé cette matinée : passer d'un sujet à un autre m'enchante. Je finis en disant qu'avant de partir, j'ai vu Théo dans son bureau pour lui dire que j'étais partante pour faire la saison. Le contrat débute la semaine prochaine. Mais Marco a l'air triste de m'entendre dire ça.

— Tu ne sembles pas ravi, mon amour ? demandé-je.

— Eh bien non, nos vacances ; tu as oublié que nous partons pour une semaine lundi !

— Eh non. Figure-toi que j'ai dit à Théo : « D'accord pour le poste, mais je suis quinze jours en vacances avant. Nous partons avec Marco », mais ça, il le savait déjà ! Et la semaine d'après, c'est pour me reposer, car j'en ai réellement besoin.

— Ouf, j'ai eu peur.

— Tout va bien, lundi je serai avec toi dans la voiture.

Nous voilà partis pour nos congés. Première étape : la maison de ma mère. Nous y restons deux jours. Puis, direction la Vendée. Au programme : plage, soleil et détente. Le vélo est aussi au programme, mon sportif va devenir fou s'il reste à ne rien faire. Cela ne m'aurait d'ailleurs pas déplu, car au vu de ce que nous avons vécu ces dernières semaines, je sens que mon corps profite de cette pause pour crier ses douleurs.

J'espère qu'il ne va pas s'exprimer toutes les vacances !

Nos deux jours chez ma mère ont vite passé avec la visite de mes nièces et les soirées en terrasse à refaire le monde autour d'un verre de rosé. Je suis tellement heureuse de voir ma famille enfin épanouie. Ma mère m'a confié avoir nettement réduit ses antidépresseurs, et elle envisage de faire une demande afin de devenir assistante maternelle. Mais pour cela, elle doit aller bien. Cet objectif va l'aider ; quand je la vois avec ses petites filles, il n'y a aucun doute : elle sera une super nounou.

Nous sommes maintenant installés en Vendée. Marco a un ami qui a un appartement au bord de la mer ; comme il est absent, il a proposé à Marco de le lui laisser pour notre séjour. Le matin, me lever et voir l'océan me donnent le sourire pour la journée. Puis, avant qu'il ne fasse trop chaud : balade à vélo et marché du matin. L'après-midi, c'est plage. Le programme n'est pas fou, mais c'est reposant.

Dimanche arrive vite, trop vite. Marco a décidé que nous partirions vers seize heures, car il a un crochet à faire. J'essaye de négocier pour gagner une heure de plage, mais impossible. Donc c'est le cœur un peu lourd que je fais mes valises. Heureusement que j'ai encore une semaine tranquille. Je vais m'occuper de mon déménagement, car Marco et moi avons envie de vivre ensemble. J'ai en effet dit oui pour emménager chez lui.

Sur la route du retour, Marco a entré une adresse dans le GPS, mais il ne veut pas me dire pourquoi. J'imagine une surprise, sauf qu'en arrivant dans le hameau, je ne comprends pas très bien son idée. Un homme d'une cinquantaine d'années arrive tout sourire.

— Bonjour, vous êtes Marco ? demande-t-il.

— Bonjour, oui c'est cela, vous êtes Patrick ?

— Oui, enchanté.

— Voici ma compagne, Julia, je vous ai parlé d'elle au téléphone.

Patrick nous invite à entrer et mille questions tournent dans ma tête : pourquoi Marco lui a-t-il parlé de moi ? Que fait-on ici ? Puis, il nous offre un verre. Je regarde Marco, qui fuit mon regard. Je finis par lui demander l'objet de cette visite.

— Ne t'inquiète pas ma puce, tu vas vite comprendre.

— Voici les lettres, comme nous l'avions évoqué par téléphone, annonce fièrement Patrick.

— Merci beaucoup. Je vous laisserai les transmettre à Théo en mains propres. S'il souhaite vous rencontrer comme le désirait Célestine, je l'accompagnerai.

— Avec grand plaisir. Vous savez, mon père m'avait aussi laissé une lettre qui parle d'elle. La vie n'est pas toujours juste, les rencontres se passent parfois trop tard.

Je comprends alors que Célestine avait encore un secret à révéler.

46

Théo

La saison bat son plein, j'ai peu de temps pour moi. Cela me manque. Il y a encore quelque temps, je n'aurais pas connu cette sensation, puisqu'à l'époque le travail était ma vie.

Julia se plaît beaucoup dans son nouveau poste, je suis content pour elle, mais pas que. Célestine doit être heureuse que je veille sur sa protégée à ma façon. Ce soir, je la retrouve avec Marco chez eux. Leur installation se passe à merveille. J'aime bien aller là-bas avec Molly. Leur couple m'inspire et me donne envie de vivre comme eux : une grande première pour moi ! Pour ma défense, j'ai très peu connu mes parents ensemble ; mon exemple de vie de couple a été celui de mes grands-parents. Et c'était une autre génération : pas trop de marques d'affection ni de mots doux entre eux. Le travail était leur socle. Célestine était pudique et voulait être une femme libre, alors que Georges était, à mes yeux, le chef d'entreprise un peu charmeur auprès de la gent féminine. Marco et Julia, qui évoluent régulièrement à mes côtés, m'inspirent.

— Coucou les amoureux.

— Salut Théo, installe-toi, Marco arrive.

— Tout va bien Julia ?

— Oui, merci beaucoup pour ce nouveau job, je m'éclate.

— Je suis content de le savoir. D'ailleurs, Pauline m'a fait de bons retours te concernant.

Marco nous rejoint avec une enveloppe dans les mains. À ce moment-là, je me crispe. Je pensais que tout cela était derrière moi. J'espère qu'elle ne m'est pas adressée. Mais en voyant le visage de Marco, j'ai comme un doute, car il me regarde avec profondeur et il est légèrement gêné. Il faut dire que je ne l'ai pas épargné lors de notre discussion et de notre réconciliation. Néanmoins, je sais qu'il a agi à la demande de Célestine, je dois voir en lui un facteur et non l'ami. Marco s'installe face à nous et annonce :

— Célestine m'avait demandé de vous lire cette lettre à la fin de l'été. Même s'il n'est pas complètement fini, j'avais une recherche à faire en amont. J'ai rencontré la personne qui donnera suite à ce courrier. Je vais d'ailleurs en découvrir le contenu en même temps que vous.

Théo, Julia et Marco,

Je vous adresse ce courrier car je souhaiterais que vous honoriez une promesse faite il y a une quarantaine d'années. Si Marco vous lit cette lettre, c'est que je ne suis plus de ce monde. En revanche, je crois fortement que nous restons vivants dans la chair de ceux que nous avons aimés. C'est pourquoi je vous demande à tous les trois de réaliser ce souhait, afin que je puisse le vivre à travers vos corps encore actifs sur cette planète.

Théo, je sais ce que tu penses. Mais j'assume mes croyances figure-toi.

Julia, curieuse comme tu l'es, tu vas vouloir vite aller à la rencontre de Patrick.

Et toi Marco, en confident parfait, je sais que je peux compter sur toi pour atteindre ce but.

Vous devrez vous rendre en Vendée, chez Patrick. Marco a ses coordonnées et si tout s'est bien passé, vous vous êtes déjà rencontrés.

— Tu l'as déjà contacté ? osé-je demander.

— Oui, à notre retour de vacances, nous sommes allés chez lui avec Julia.

— Et tu ne m'as rien dit ? dis-je à Julia.

— Je ne savais pas pourquoi on était allés là-bas, et Marco n'avait rien voulu me dire. Donc tout comme toi, je comprends seulement maintenant !

Marco continue :

Une fois là-bas, Patrick vous conduira à un cimetière. L'un d'entre vous aura une lettre à lire. Dans l'enveloppe que Marco a ouverte aujourd'hui, il y a un billet de cinquante euros.

Merci d'acheter des fleurs avec ce billet avant de vous rendre au cimetière. Julia, tu connais mes goûts, tu devras t'en charger.

Prenez soin de vous mes petits, et un grand merci d'avance. Vous allez certainement vous demander pourquoi je ne l'ai pas fait de mon vivant. La réponse sera dans la prochaine lettre.

Avec tout mon amour,

Célestine

Après avoir écouté Marco, nous décidons ensemble de partir au tout début du mois de septembre. La saison sera finie et c'est dans quinze jours. Cela permettra à chacun de prendre ses dispositions. Puis je réserve un hôtel tout proche de chez Patrick, car nous souhaitons rester deux jours sur place. Comme il y a des explications supplémentaires dans la future lettre, j'ai bien peur que Célestine n'ait prévu de nous faire visiter un lieu ! De plus, je vais pouvoir souffler un peu au passage.

Marco n'a pas la lettre en sa possession, car la consigne était de la laisser à Patrick. Ma grand-mère appréhendait sans doute que je ne le harcèle pour la lire avant le jour J.

Les quinze jours passent lentement ; j'ai hâte de savoir ce que Célestine nous a caché. Je pense souvent, en regardant sa photo dans mon bureau, que j'ai une sacrée grand-mère quand même : imprévisible, mais tellement aimante. Son idée que je porte un peu d'elle me plaît finalement. Lorsque je sens la tension monter, je pense à elle et je m'apaise tout de suite. Personne ne pourra jamais me certifier que c'est bien cela, mais j'ai envie d'y croire : j'ai envie de continuer à la faire vivre en moi.

47

Julia

La fin de la saison a sonné et le départ pour la Vendée est imminent. Je me pose beaucoup de questions au sujet de ce séjour. Célestine était une sacrée femme, et son imagination ne l'a jamais lâchée.

Mon nouveau travail m'enchante : il est actif, j'aime le contact avec la clientèle et je ne vois pas les journées défiler. Ce que j'apprécie, c'est que ce n'est pas monotone, et l'ambiance est bonne avec les collègues. Je me sens à ma place. Ma mère est ravie, elle n'a pas le sentiment de m'avoir payé un diplôme pour rien. Théo m'a annoncé, après en avoir discuté avec Pauline, qu'un CDI était possible si je le souhaitais. Pauline ne sera en effet plus dans l'équipe à partir de novembre car elle suit son conjoint, qui part près de Toulon pour raisons professionnelles. Comme disait Célestine : « Fais confiance à la vie, elle sait, et tout s'aligne sans que l'on comprenne pourquoi. » Encore une fois, elle avait raison.

De plus, ma vie commune avec Marco se passe à merveille, nous avons la même façon de vivre. Il y a juste Mathilde qui râle un peu, elle m'appelle « madame pantoufle ». Il est clair que depuis que je suis en couple, je sors beaucoup moins, je suis aussi plus calme et moins dans la provocation. J'ose même mettre des pantalons. Je me rends compte qu'à vouloir aguicher tout le temps, je ne me sentais pas forcément bien, et l'image que je renvoyais ne me correspondait pas. C'était ce côté rebelle vis-à-vis de mon père que je recherchais. Or les personnes que je croisais ne connaissaient ni mon histoire ni mon père. En un an, ma vie aura bien changé, et je ne ferai pas machine arrière.

Le jour du départ est arrivé ; Théo passe nous prendre parce qu'il souhaite faire le chauffeur. Ma valise est prête, j'ai même pris un maillot de bain car à cause de notre dernière visite à Patrick, j'ai un après-midi plage de retard. Étant donné qu'il fait encore beau et chaud, c'est l'occasion d'en profiter encore un peu.

— Coucou les amoureux. En voiture !

Accompagnés de Molly, nous partons pour le petit village de Sainte-Urbaine, où nous avons rendez-vous pour récupérer la lettre et les consignes qui l'accompagnent. Pendant que les garçons parlent voiture, j'enfile mes écouteurs pour me laisser bercer par la musique. Comme j'ai toute la place à l'arrière, j'en profite pour me mettre à l'aise. Je regarde défiler le paysage tout en pensant à cette mamie. Je me doute que nous allons découvrir une facette inconnue de sa vie. En ce qui me concerne, j'ai passé beaucoup de temps avec elle, mais il y avait comme un secret qu'elle devait garder, notamment quand elle évoquait la période où elle venait tout juste de devenir maman. Théo, lui, ne semble rien savoir. Finalement, lorsque quelqu'un part, il emporte avec lui son intimité. Il nous laisse juste ce qu'il souhaite que l'on sache. C'est parfait ainsi, nous avons tous nos secrets.

J'arrive dans cette cour qui m'avait laissée songeuse la première fois. Je n'ai jamais dit à Marco que j'avais eu le sentiment de m'être fait avoir quand il a fallu annuler l'après-midi plage pour aller voir quelqu'un que je ne connaissais pas. Aujourd'hui c'est différent, nous avons rendez-vous. D'ailleurs, Patrick semble impatient car il est déjà sorti de chez lui pour nous accueillir. C'est Marco qui se charge des présentations. Puis, Patrick nous invite à entrer pour nous offrir un café.

En discutant avec lui, nous comprenons que Patrick est le fils de Martin. Nous nous regardons car personne ne sait qui est Martin ! Patrick nous explique alors que Martin et Célestine ont vécu une histoire d'amour il y a une quarantaine d'années. Théo semble sous le choc. Marco, lui, devait être au courant que ce serait une annonce de ce genre. Quant à moi, je ne sais pas trop quoi penser : il y a environ quarante ans, le papa de Théo était déjà dans la vie de Célestine. À cet instant, je me dis que la suite va être intéressante, et ce, pour tout le monde !

— Voici la lettre de Célestine que Marco m'a laissée afin que vous, Théo, vous ne soyez pas dans l'impatience de la lire. La consigne est écrite en rouge dessus : « À lire au cimetière, avec Patrick également. » De mon côté, au décès de Martin, mon père, j'avais retrouvé une enveloppe sur laquelle était noté : « Célestine Dumas », avec son adresse. Ne sachant pas du tout qui c'était, je n'ai jamais posté la lettre. Mais cette femme était maligne : elle a pris contact avec moi il y a six mois. Nous avons échangé, et je lui ai lu la lettre que mon père lui avait adressée. Ce n'était pas la première, leur correspondance avait toujours duré.

— Je vous coupe Patrick, vous avez dit que ma grand-mère vous avait appelé il y a six mois. Comment elle vous a retrouvé ? demande Théo.

À cet instant, je regarde Marco et je comprends comment elle a eu ses coordonnées. D'ailleurs, Théo le fusille aussi.

— C'est par mon intermédiaire qu'elle l'a retrouvé, déclare Marco.

— Ah, ça me rassure, car je ne vous cache pas que cela m'étonnait aussi. Je veux bien croire que de nos jours les mamies sont dégourdies pour utiliser Internet, mais Célestine refusait d'apprendre à l'utiliser.

— D'ailleurs, c'est sa réponse qui m'a paru floue quand je lui ai demandé comment elle avait réussi à me retrouver, rétorque notre hôte.

Après cette conversation, nous partons vers le cimetière. Comme c'est assez proche de chez Patrick, nous y allons à pied avec les fleurs dans les bras, comme convenu. J'ai dépensé un peu plus que la somme donnée, mais j'avais envie de participer aussi. Je sens mon excitation monter, j'ai vraiment hâte de découvrir la suite.

Une fois arrivés à destination, nous suivons Patrick. Il connaît le chemin par cœur. Il semble très attaché à son papa, et mon impression se confirme quand je vois la tombe toute fleurie. Ses parents y reposent. Je ne me sens pas très à l'aise à l'idée de lire la lettre de Célestine à Martin, alors que son épouse repose juste à côté de lui. Mais je n'ai pas le choix, et de toute façon, c'est Marco qui se charge de la lecture :

Martin,

Je me suis doutée que tu ne faisais plus partie de ce monde. D'ailleurs, la nuit de ton décès, j'ai été réveillée très violemment. Cela m'a étonnée, car j'ai toujours bien dormi. Au plus profond de moi, je savais.

Notre relation n'appartenant qu'à nous, je ne pouvais en parler à personne. Mes larmes ont coulé sans raison. Tu vois l'amour, ce n'est pas que par la chair que cela se passe, le vrai, le grand amour est au-delà de tout ça.

Ensuite, l'absence de tes courriers a fini par confirmer que tu n'étais plus là. Malgré tout, j'ai continué à t'écrire quelques semaines. J'avais l'espoir d'une réponse : une correspondance de quarante ans ne s'arrête pas sans raison valable. Comme je voulais en avoir le cœur net, j'ai demandé à un ami de Théo d'effectuer des recherches. Il n'a pas mis longtemps à trouver la réponse. Donc j'ai arrêté de t'écrire. Je n'ai cessé de penser à toi depuis notre première rencontre. Et j'ai demandé à l'univers à ne pas rester trop longtemps loin de toi.

Tu es et tu resteras l'amour de ma vie. Je t'avais fait la promesse de te revoir, nous n'en avons pas eu le temps. J'ai donc eu l'idée de faire venir mes trois petits ici, afin qu'ils te déposent ces fleurs. Peut-être que de là-haut, nous serons tous les deux à les regarder.

Tu vois Martin, même décédée, j'ai tenu parole : celle de te rejoindre en Vendée, ton pays, celui que tu aimais tant. Je n'ai jamais eu le courage de venir plus tôt, quand nous étions plus jeunes. Il fallait que je trouve une excuse valable, mon mari me surveillait beaucoup ; il a toujours su au fond de lui que mon cœur battait pour un autre. Toi aussi, tu avais ta femme. Nous avons fait le choix de la sécurité, du confort, de nos enfants. C'était une bonne décision. Nous avons sacrifié notre amour pour eux, mais ils nous l'ont rendu au centuple. Je ne regrette rien, car tu auras été mon guide, mon moteur, ma raison de sourire. Finalement, nous l'avons vécu ce grand amour, peut-être pas comme les conventions le dictent, mais nous l'avons vécu.

Je t'embrasse mon amour.

À la fin de la lecture, je pleure comme une petite fille. Théo est en larmes aussi. Mais lui c'est un homme, il fait moins de bruit ! Marco tremble, Patrick est ému également. En nous laissant la chance d'écouter son texte, Célestine nous offre une jolie leçon. Oui, l'amour ne se vit pas que dans la matière, mais aussi dans notre quotidien. Il peut exister à travers une correspondance et l'impression de ressentir la présence de l'autre.

Célestine en avait fait l'expérience et nous l'a partagée. Elle n'a jamais perdu sa joie de vivre alors que Martin devait lui manquer à chaque instant j'imagine. J'espère qu'ils sont maintenant réunis et qu'ils savourent ce lien qui est certainement le plus fort de tous.

48

Théo

Je me sens comme vidé. Les émotions fatiguent. Surtout que ces derniers mois, elles ne m'ont pas épargné. Nous rentrons chez Patrick, qui nous invite à prendre un verre.

Une fois que nous sommes installés, il part dans une autre pièce et revient avec un tas d'enveloppes dans les mains. Je me doute que ce sont les lettres de Célestine, celles qu'elle avait adressées à Martin. Il prend également place à table et me fait face.

— Voilà Théo, ce sont toutes les lettres de ta grand-mère. Lorsque ma mère nous a quittés, mon père était perdu et triste. Puis un soir, je suis passé le saluer. Il était fatigué, et l'envie de se battre diminuait chaque jour. Un peu inquiet pour lui, j'ai fini par comprendre qu'il n'y avait pas que le décès de son épouse qui le mettait aussi bas.

— Donc il t'a parlé de ma grand-mère ?

— Oui, « sa Célestine » comme il aimait le dire. Il m'a expliqué leur rencontre trente-cinq ans auparavant. Il était en déplacement dans votre région et il est tombé en panne. Comme le soir approchait, il a décidé de partir à la recherche d'une maison pour demander si l'on pouvait le laisser dormir au chaud. C'était en novembre.

Par chance, tes grands-parents avaient déjà leur petit hôtel. Il est allé à la réception et a trouvé ta grand-mère. D'après ses dires, ce fut le coup de foudre, l'évidence. Elle l'a logé chez elle, car l'hôtel était complet. Il est resté deux jours, le garagiste avait bon dos je crois.

— Mais, mon grand-père et mon père étaient aussi là-bas ?

— Oui, mais Célestine et mon père ont quand même eu du temps pour se connaitre. Puis, ils ont échangé leurs adresses. Leur correspondance a duré quelques mois. Ensuite, ta grand-mère a dû se rendre seule à un salon à Paris ; mon père a profité de cette occasion pour aller la rejoindre. En évoquant ce moment, il avait encore les yeux qui brillaient après tant d'années.

— Et ensuite ?

— Ils ont continué de s'écrire avec l'idée qu'une fois que ton papa et moi serions assez grands, ils se rejoindraient. Sauf que ce n'était pas si simple : les engagements, les contraintes, la sécurité. L'attachement pour leurs conjoints respectifs a aussi eu raison d'eux. Puis, le drame. Mon père était au courant de ton histoire, Théo. D'ailleurs, le jour où il a appris pour tes parents, il a dit à ta grand-mère : « Je t'ai perdue ma Célestine, tu dois protéger ce petit. »

— J'ai le sentiment qu'elle s'est sacrifiée toute sa vie.

— Oui, ils se sont sacrifiés tous les deux. Je suis fier que mon père ait eu le cran de rester et de m'élever alors que ses pensées étaient certainement ailleurs. Il n'a jamais rien montré.

J'ai comme un goût amer en écoutant cette histoire. Je regrette que Célestine ne m'en ait jamais parlé : cette relation devait être l'une des plus importantes pour elle. J'aurais pu l'emmener ici pour qu'elle voie son Martin. J'aurais compris. Je savais qu'elle n'était pas très heureuse avec Georges, qui ne cessait de travailler. Pour mon grand-père, la priorité était la réussite alors qu'il avait une femme merveilleuse à ses côtés, qui le soutenait même si son cœur battait pour un autre. Étrangement, j'en veux plus à mon grand-père. C'était un homme intelligent, il devait bien se douter qu'elle en aimait un autre, mais il n'a jamais eu le courage de la laisser partir. Cependant, est-ce que je serais capable de faire ce genre de choses ? Je n'en suis pas sûr.

Patrick me remet toutes les lettres. Je lui signale qu'elles sont à lui mais il ne souhaite pas les conserver, car elles renferment l'intimité d'une femme qu'il ne connaît pas. Il souhaite qu'elles me reviennent et que je décide de ce que je veux en faire. Je suis pris entre deux émotions : l'envie de découvrir ma grand-mère amoureuse et celle de les brûler par respect pour elle, car cette relation était la sienne.

Nous passons le week-end tous les trois à un rythme assez calme ; mon esprit est préoccupé par ce que j'ai appris. Je finis par demander à Julia si en vidant la maison, elle n'avait pas trouvé des lettres de Martin. Elle me répond par la négative. Puis Marco intervient :

— C'est moi qui suis en possession des lettres de Martin, je devais te les donner à notre retour. Célestine ne souhaitait pas que tu tombes dessus sans connaitre l'existence de cet homme.

— D'accord, et…

— Ne t'inquiète pas, je ne les ai pas lues, ni déchirées. Elles sont intactes. J'avais prévu de te les donner dès que nous serions à la maison.

— Alors je préfère que tu les brûles.

— Entendu. C'était une des options que Célestine avait envisagées.

— Elle avait prévu cela aussi ?

— Oui, et selon ta réponse, je dois te remettre un nouveau courrier.

Je suis un peu pressé de connaitre la suite, le reste de la journée me paraît donc un peu long. J'ai hâte de rentrer et de découvrir le courrier qui m'attend. Julia, qui souhaite son après-midi plage tranquille, est installée sur sa serviette. Je décide d'aller marcher au bord de l'océan pour m'occuper et réfléchir. J'ai tout de même envie de connaitre cette histoire ; certes, c'était celle de Célestine, mais j'ai le sentiment que si je brûle tout, ce sera comme si cette idylle n'avait jamais existé. De plus, j'ai les lettres de Martin. Je vais voir avec Marco pour les récupérer et je me donnerai du temps pour faire mon choix.

Nous sommes enfin de retour. Je vais chez mes deux amis afin de prendre les courriers. Lors du voyage, j'ai expliqué à Marco ce que je voulais faire. Il va dans sa chambre et revient avec deux boîtes à chaussures pleines. Puis, il me donne la correspondance de ma grand-mère qui les accompagne. Il m'annonce :

— Cette lettre, je ne la lirai pas. Elle t'est destinée.

Je vois la tête de Julia qui est un peu déçue. Je la rassure en lui disant que je lui ferai un résumé dès que j'en aurai pris connaissance. Je les salue et je rentre chez moi avec Molly.

Une fois dans mon appartement, je prends le temps de ranger mes affaires et de mettre une lessive en route. Ensuite je m'installe sur la terrasse avec un petit verre de rosé. Je regarde quelques lettres. Elles ne sont pas très longues : Célestine y parle de sa vie, de son travail. L'une d'entre elles raconte que je marche : je m'amuse à penser qu'elle ne date pas d'hier. Dans chaque courrier, elle dit à Martin qu'elle l'aime et qu'il doit prendre soin de lui. Et en effet, elle signe : « Ta Célestine », comme pour lui rappeler que son cœur est à lui. Je trouve cela touchant. Si j'occulte mon grand-père et mon père, l'amour, quelle que soit sa forme, est toujours beau, car il est pur et sincère.

Puis, je décide enfin de lire la lettre qui m'est adressée. J'ai l'impression que c'est la dernière. Même si sur le coup, je n'ai pas apprécié leur façon de faire avec Marco, je dois reconnaitre que lire cette correspondance me fait du bien. J'ai le sentiment que ma grand-mère part en douceur et qu'elle est là, à sa façon. Elle devait aussi m'aimer très fort pour mettre en place tout ce stratagème, et je suis fier d'elle. Elle aurait aussi pu faire le choix de partir avec tous ses secrets. Mais elle souhaitait certainement partager son amour afin de montrer qu'il avait bien existé, qu'il était réel et surtout sincère.

Théo,

Si tu as ce courrier entre les mains, c'est que tu as choisi de garder ma correspondance avec Martin : je suis fière de toi. Prends le temps qu'il te faudra pour la lire. Je n'ai plus rien à cacher. Ces lettres sont restées trop longtemps dans le noir, elles ont le droit de voir le jour.

J'espère que tu ne seras pas trop déçu de découvrir que ta grand-mère vous a tous menti, mais tu sais Théo, chacun possède son jardin secret. La société aime les conventions, je suis d'une génération où l'on se marie en fonction de sa situation. Toi, tu as la chance de connaitre l'amour et de pouvoir évoluer à ses côtés, je te le souhaite. Passer une grande partie de sa vie à aimer un homme, l'attendre, le désirer, pour que finalement la vie décide de ne jamais vous réunir, par moment c'est lourd à porter.

Heureusement, Martin aimait aussi écrire. Cela nous a permis de laisser nos sentiments évoluer par procuration. Pendant tout ce temps, ils ne se sont jamais amoindris, bien au contraire. Et l'espoir a été notre moteur.

J'espère que tu comprends mieux cette envie de te voir heureux aux côtés de celle que tu aimeras. Je ne te jugeais pas lorsque tu avais de nombreuses conquêtes. J'étais juste déçue de te voir passer à côté de ce sentiment qui nous fait grandir.

Si le cœur t'en dit, tu peux lire les lettres, elles t'appartiennent. Ne sois pas gêné, j'ai enlevé celles que j'ai voulu garder juste pour moi. Peut-être t'inspireront-elles à certains moments de ta vie. Le fait que tu connaisses maintenant mon grand secret me soulage. J'ai aussi subi le revers de la médaille pendant toutes ces années, avec cette impression de vous avoir tous menti. J'en suis désolée. Malgré cela tu le sais, les sentiments sont bien la seule chose que nous ne contrôlons pas. Quant à savoir pourquoi nous aimons un homme plus qu'un autre, cela reste un mystère également.

Je te souhaite le plus beau mon Théo, d'où je suis, je veille sur toi. Et vis mon petit, sans jamais te retourner.

Célestine, ta grand-mère qui t'aime.

49

Julia

Aujourd'hui c'est Noël. L'hôtel-restaurant affiche complet pour cette période. Mais nous avons réussi à être tous réunis chez moi pour fêter ce jour dignement.

Ma mère nous a aussi rejoints avec Stéphanie et ses filles. C'est un peu le camping à la maison, mais quel bonheur d'être toutes les cinq ensemble. Théo, lui, est rentré de son voyage au Pérou il y a une quinzaine de jours. Il est beau comme un cœur, il rayonne. Il a osé prendre son appareil photo et son sac à dos. Un défi pour lui, mais l'envie était très forte. Pendant un mois, il a vécu à son rythme et découvert un pays dont il est tombé amoureux. D'ailleurs, les nombreuses photos qui décorent déjà son appartement le confirment. Il a un réel talent, comme sa maman.

Je finis d'installer la table quand j'entends la voiture de Théo arriver. Marco m'avait demandé de rajouter une assiette. Je comprends enfin pourquoi en voyant Théo accompagné d'une jolie femme et de Molly. Je pense à Célestine ; peut-être que d'où elle est, elle a le pouvoir de réaliser son plus grand souhait, qui était de voir son petit-fils amoureux. Je comprends mieux son obsession pour l'amour, l'entente entre les personnes, le pardon. Elle a souffert une grande partie de sa vie de ne pas être auprès de celui qui faisait battre son cœur. Elle en a fait une leçon à transmettre. Parfois, la vie nous donne des coups pour que nous puissions partager nos expériences avec les autres, afin qu'ils ne les vivent pas eux-mêmes.

— Bonjour Théo, dis-je.

— Bonjour Julia, je te présente Mélanie.

— Enchantée de faire votre connaissance.

— De même. Théo me parle tellement de vous et de Marco que je suis contente de mettre un visage sur votre prénom.

Cette femme rayonne de tout son être, ses yeux verts pétillent, elle est assez grande et dégage une belle énergie. Ses jolis cheveux bruns lui tombent sur les épaules, et son sourire me donne immédiatement envie de faire sa connaissance. Je jette un coup d'œil à Théo qui la regarde avec une telle intensité que cela me donne des frissons. Je suis heureuse de le voir comme cela.

Une fois que tout le monde est arrivé, on distribue les cadeaux. Mes nièces sont aux anges : le père Noël a réalisé tous leurs vœux. Je me revois à leur âge ; ça me rappelle les bons moments en famille et cette excitation du père Noël. C'est bien dommage que l'on perde son insouciance en devenant plus grand. À moins que ce ne soit à nous de la préserver ?

Marco me tend un cadeau, je devine qu'il est de lui car il se sent un peu gêné.

— J'espère que cela va te plaire.

Je découvre de magnifiques boucles d'oreilles.

— Merci mon amour, elles sont superbes.

— C'est vrai ?

— Bien sûr.

— Me voilà soulagé alors.

Marco est tellement sûr de lui d'habitude, que le voir douter le rend touchant. Puis je prends le temps d'observer tout le monde. La photo de Célestine, qui est dans notre salon, veille sur nous, c'est comme si elle aussi était là. Cette femme aura changé le cours de mon destin, mais pas que le mien, car le changement qui s'opère en soi rejaillit sur les autres. Et quand j'observe tous ces sourires, cette joie, je me dis qu'elle a fait du bon travail cette grande dame.

Je dédie ce livre à mon fils, qui m'a permis d'expérimenter l'amour sans limites.
« Je t'ai aimé tout de suite, avec la promesse de t'aimer jusqu'à mon dernier souffle et plus encore. »

Merci à Déborah (DLauteur@gmail.com) pour les corrections, les conseils et la mise en ligne.

Merci à vous pour cette jolie couverture. Un agréable moment de partage juste nous trois, et lui par sa présence.

Merci à vous, lecteurs, et à tous ceux qui m'accompagnent chaque jour dans ma vie.

Les villages et les personnages sont fictifs, ils ne sortent que de mon imaginaire.

Je vous souhaite le plus beau sur votre chemin.

Méryl

SOMMAIRE

Dépôt légal : novembre 2022

Contact auteur : meryl.maxan@gmail.com

Printed in France by Amazon
Brétigny-sur-Orge, FR

27519229R00205